イラッとしない思考術

日本怒氣管理協會 代表理事 **安藤俊介**——著 丘正怡——譯

刺蝟的冷靜思考術

心態重開機，揮別心煩氣躁的自己

前言

「虧那時的我居然能夠每天都心煩氣躁地度過啊！」

這是我對接觸到怒氣管理前的自己所抱持的感想。

那時候，我是個平凡、未滿三十五歲的上班族，對什麼事情都看不順眼，每天上班都在煩躁生氣。

最近有機會和以前的同事及國、高中時期的同學見面，知道我當時德性的人都異口同聲地說：想不到當初那個安藤現在竟然會做這一行！

原本我以為自己是出了社會後，才變得個性易怒，但這樣看來，早在中學階段，周遭的人就覺得我個性易怒了。

即使是像我這樣的個性，在接觸怒氣管理後，也大大改變了。只知道我現在模樣的人，反而經常問我：為什麼你能經常面帶笑容呢？你是不是根本不會生氣？

其實，我現在當然還是會有煩躁、憤怒的情緒，只是和以前相比，已經極少選擇真正動怒了。

「不論自己是不是多煩、多生氣，人生才不會等人，時光照樣過。」

「哎呀，人生就是這麼一回事啊！」

這是我開始怒氣管理後不久，就了解到的——不管你自己是不是在生氣，時間對每個人都很公平，一去就不回頭了，絕不停留。要不要過一個心煩氣躁的人生，決定權都在你自己！

我相信沒人會願意過一個充滿憤怒的人生。只不過現實中，經常會有「噢！為什麼老是發生這種事啊？」的情況出現，令人心煩的事往往總是接踵而來。

但是因為這樣，每當你生氣過後，就老是開始覺得「我竟然會因為這點小事發脾氣……」然後為此後悔不已。

「憤怒從愚蠢開始，以後悔告終。」

這句名言是古希臘哲學家兼數學家的畢達哥拉斯說的。憤怒會讓人失去理智，最後只剩下後悔的情緒。

為了不讓自己整天都在後悔中度過，你可以試著在思考上下點功夫。這麼一來，就用不著發脾氣了。

為了避免被無謂的心煩及怒氣耍得團團轉，且無謂消耗掉能量，請務必學會「冷靜思考術」！

本書將冷靜的基礎思考術，依情境分為職場、家庭、自己和環境等篇章，後半部則將思考術的精華做成重點，彙整介紹。不論你選擇從哪一篇開始看都好，請隨意從你自己感興趣的段落開始讀起吧！

好了，現在讓我們開始吧！

CONTENTS 目錄

CONTENTS

第2章

在家裡的冷靜思考術

第3章

對自己感到生氣時的思考術

CONTENTS

第4章

對環境感到氣憤時的思考術

CONTENTS

第5章

不生氣的日常生活練習

CONTENTS

第1章

在公司煩躁不已時的冷靜思考術

01

對想法和價值觀不同的上司感到煩躁

請看看以下的問題並想一想。首先，下列這兩種類型的人，哪一種和自己比較合得來呢？

1. 和自己價值觀相同的人。
2. 和自己價值觀不同的人。

這一題很簡單吧！你一定是選和自己價值觀相同的人。

那麼再來一個問題。下列兩項，哪一項比較容易被找出來呢？

1. 和自己相同的地方。
2. 和自己不同的地方。

這題的答案其實是2。**人比較容易找出和自己不同的地方。**

不論是想法、價值觀、生活方式、金錢觀念、口味、喜好、喜歡的場所……不需花費多少力氣，便能輕易舉出別人和自己的不同處。

若原本就覺得雙方差異甚大，要找出對方和自己的不同之處更是輕而易舉，反倒是要找出共通點才難呢！

請試著想像出一位想法和價值觀都和自己截然不同的上司，然後看看能舉出多少自己和這位上司想法相同的例子。相信你能輕易就列舉出上司和自己的不同點，卻很難舉出有什麼相同點的例子。

接下來，請你想像自己喜歡上了某個人。由於你希望對方能對自己有好感，就會開始思考自己和對方擁有哪些相同點。

舉例來說，你會在第一次約會時，故意舉出對方和自己在喜好、想法或度假方式上的不同，來作為聊天的話題嗎？假如你真的這樣說了，只怕往後就很難再和對方有任何進展了吧。

和喜歡的人約會時，一定要強調的就是對方和自己擁有同樣的價值觀。因為擁有相同之處，就容易產生親近感、建立起好感，進而轉化為安心感。

人會在喜歡的人身上找尋和自己相同的興趣、喜好或想法，也就是會找出自己和喜歡之人的相同點；然而面對討厭的人時，找的卻是對方和自己的相異之處。

這和人為什麼會喜歡人、討厭人的心理結構有關。人都喜歡和自己相同點多的人在一起，而面對和自己相異點多的人，則會抱持著不自在感，並保持距離。

換言之，人會在喜歡的人身上更加積極地「找出相同點」；而面對跟自己不一樣的人則會加倍挑剔地「找出相異點」。因此，對人類而言，喜歡的人更喜歡，討厭的人更討厭，是天經地義的事。

既然對價值觀不同的上司感到心煩，那就試著找出上司和自己的相同點吧。只要找到越多和自己相同的地方，就越能和上司順利相處。尋找相同點是需要努力的，倘若放著不管，便會如同前面提到的——討厭的人變得更討厭。想要人際關係變好，付出努力是免不了的。

上司也是人，跟你一樣會煩惱、會開心、會思考、要工作及過生活。即使你覺得「我和這個人沒有任何地方一樣。」但說實話，大家都是人，只要仔細找，總會有許多相同處的。

與其「尋找相異點」，不如「尋找相同點」——這是跟價值觀不同的人好好相處的訣竅。

應對訣竅

「尋找相同點」是和別人好好相處的訣竅。

02 受不了喜歡用「老是」、「絕對」、「一定」來罵人的上司

「怎麼老是犯一樣的錯呢？」

「你絕對是個遲到大王！」

「你一定沒有好好做報告對吧！」

「老是」、「絕對」、「一定」其實是不能用來罵人的詞彙中，最具有代表性的。

為什麼很多人在說教時，會喜歡帶上「老是」、「絕對」、「一定」這

幾個詞呢？那是因為這三個詞是可以強調自己有多麼生氣的「修飾語」。這三個詞的問題出在用法並不精確。「老是」、「絕對」、「一定」這些詞，都含有百分之百或接近百分之百的意思，所以用在不到百分之百的事情上時，並不是很適當。

我才沒有老是呢……

你說絕對，可是明明上次就沒有啊……

幹嘛這樣？都你說的算喔……

因為不精確，被罵的一方就會心有不甘而想反駁，覺得自己很冤，心裡抗拒著對方的話，結果就是什麼都沒聽進去。

作為被罵的一方，被冠上刻板印象肯定不是一件開心的事，即使心知錯在自己，腦子裡仍是滿滿反抗的念頭。

如果真的需要提出告誡的話，請具體指出對方的疏失，及應該怎麼做才正確。

應對訣竅

使用精確的詞語來表達意見，具體指出對方的缺失。

03

受不了喜歡自賣自誇的上司

說到自誇，有的人會讓你由衷產生「真厲害啊！」的佩服感，但有的人卻只會讓你感到不耐煩。

前者是因為你關心那個人、覺得那個人真值得欽佩；而後者正好相反，你對那個人既不關心，也不覺得那人值得欽佩。

人多少都有「被人認同」的需求，而這個需求可分成四個層次：

1. 「存在認同」
2. 「思考認同」

3.「行動認同」
4.「結果認同」

「存在認同」——希望別人注意到自己的存在。請想像小小孩想從父母的身上得到關愛的樣子。

「思考認同」——有思考但還沒有付諸行動，希望別人認同自己曾經有過的思慮或想法，這是遲遲跨不出第一步的人渴望得到的認同。

「行動認同」——雖然沒有結果，但希望所付出的行動能得到認同。由於有所行動，所以即使沒有結果，過程中所做的努力就值得大大肯定。

「成果認同」——希望付出的行動和成果能受到認同。由於看得到成果，是任何人都可以輕易評論的認同。

那麼愛自誇的上司要的是哪一項呢？這種上司尋求的是「存在認同」。

因為這樣，你才會為此感到不舒服。畢竟，「存在認同」是最難讓人給予評價的。你既非上司的父母，也非親近的朋友，對方卻要你針對最難評價的事做出回應，所以你的情緒就因此不耐煩起來。

了解原因後，應該就能比較少為這種事心煩了吧。假如上司又開始自賣自誇，你就可以想成「原來這個人是拚了命的想要別人給他最困難的評價啊！」、「是因為這個人沒有其他能讓人認同的事情了吧！」在瞭解對方的心態後，再去好好面對他吧。然後要記住，日常生活中這種被人強求認同的情況其實也是層出不窮的。

應對訣竅

了解對方之所以愛自誇，是為了尋求「存在感」。

04 受不了把毅力論、意志論掛嘴邊的上司

「我在你這個年紀的時候，就算熬夜也會把事情做完！」
「你就是毅力不夠，才沒辦法達成目標！」

有些人的確會把工作做不出成果的錯全部歸咎於毅力或精神意志力的不足。我覺得並非是這類型的毅力論和意志論有錯，但我也不否認它們確實已經和時代脫節了。

而我們之所以會生氣的原因很簡單，只是因為親眼被自己深信的「應該～，不應該～」給背叛了。

上司和部屬應該要如此互動、工作應該要這麼做、應該遵守禮節、應該這樣跟別人寒暄招呼……我們其實心裡都有著各種各樣的「應該」。

上司覺得「做事情，毅力是必須的，應該要好好重視它。」，然而在部屬看來，只會覺得「毅力論已經過時了，你不應該強加在別人的身上」。

就是因為有著這些各式各樣的「應該～」，才會令我們感到心煩。因此瞭解自己的觀念裡有哪些「應該～」存在，便能知道對什麼感到生氣。

如果懂得運用「應該～」這個詞，就可以和憤怒情緒好好相處了。不過，這可是一個棘手的詞，之所以棘手的原因有兩個：

1.所有的「應該～」都是對的

我們的觀念裡都存在著各式各樣的「應該～」。

上司的「應該～」是對的，你的「應該～」也是對的。即便你覺得上司的「應該～」不對，至少對上司而言那是對的。

2.「應該～」存在著程度的差異

同樣是毅力論，判斷的標準也會因人而異，也就是說你和上司所認定的毅力標準是有差異的。

既然有這麼多迥然不同的「應該～」會令我們煩躁，那麼想要和對方順利相處的訣竅，就是事先了解彼此的差異。並不是要去判斷誰對誰錯，而是純粹去理解彼此間存在著差異。

老是對他人的「應該～」過度反應的話，最後只會累到自己。每個人都有自己所認定的「應該～」，而且它們都是對的，只是有程度不同的差異，因此，我們心裡要保有「也是有這種『應該～』存在」的觀念。

應對訣竅

不煩躁的咒語：「原來也是有這種『應該～』存在的」。

05 對把人罵得體無完膚的上司感到煩躁

有的上司罵人時會說：「你的觀念很差欸！」、「你從以前到現在的經驗都沒有任何意義！」等。這種彷彿要將別人的人格和經驗全盤否定的上司，很讓人生氣吧！那麼該怎麼對付這樣的人呢？

每個人都希望自己的所作所為及經驗能受到肯定，這是一種很自然的想法。而且昔日累積下來的經驗就是自己努力所得的結晶，倘若被人全盤否定，心裡當然不會開心。

不過，德蕾莎修女有句名言：「愛的反面不是仇恨，而是漠不關心。」從這個觀點來說，上司罵你是因為關心你，如果他對你毫不在乎、不理睬，就不會多說什麼了。

話雖如此，遇到批評和責罵時，還是挺讓人難過的。這時候如果了解上司為什麼會用這種方式罵人，心情應該就會輕鬆一些了吧。

這是因為上司關心你，想和你建立人際關係，卻沒辦法好好了解你。正是因為關心、想要了解，卻又氣自己不甚了解，焦躁之下才會說出這些否定你的話。

上司也是人，即使比你年長、資深，並不代表他是一個成熟的人。多體諒一下對方想要關心，卻因為理解困難而碰壁的心情吧。

應對訣竅

體諒對方對你的關心。

06 對私人問題多嘴的上司很惹人討厭

「你就是因為這樣才結不了婚的啦！」

「你們夫妻倆的關係有改善嗎？」

「像這樣放任小孩，不太對吧！」

說真的，這些話聽起來實在有夠煩的，聽的人心裡不免暗自抱怨：「為什麼我得將私事一一跟你報告啊？」

不管是誰，都會有個不希望別人多問及涉入的領域，事與願違的是，總是不免會有人踏入這塊領域。其中，有些人是明知故犯的，但也有些人本無惡意，只是沒料到會給你帶來壞心情。

為什麼周遭的人會對讓你心煩的事多嘴呢？**原因在於他們不知道你不希望被人踏入的領域在哪裡。**

你不希望別人跨足的地方就是「你的界線」，周遭的人因為看不到你的界線在哪，才會反覆地跨進跨出，而你也因此為了這些事煩躁動怒。

清楚宣告你的界線在哪裡吧！然後努力讓對方知道你不希望對方越界。

在這裡要特別注意的是，表達界線時，要對所有人都一視同仁。如果你的界線有些人能跨，有些人卻不行，這樣別人會搞不清楚你的界線在哪裡。

保持適當距離，對於減輕人際關係上的壓力很有幫助。為了創造良好的人際關係，請好好地劃清自己的界線吧！

應對訣竅

清楚表明你「不希望別人踏足的界線」在哪。

07 對合不來的上司、前輩感到煩躁

不論是誰，在職場上總會有一、兩個不投緣的人。

有的人從小就被教育「必須和大家好好相處」，於是在遇到合不來的人時，就會覺得錯在自己，而造成心理壓力。

現實中，想要在成人社會裡和所有人好好相處，需要消耗非常多的能量。有的人光是和大家和諧共處，便精疲力竭了。

其實，你沒必要親近所有人。如果和某人相處起來很累，那麼不和那樣的人往來也是個不錯的選擇。

不過，說是這樣說，但用在每天都會見面的職場上，可能就行不通了吧。

既然工作上絕對會見到面，也許就免不了會有必須一起去吃飯的情況。

這時候該怎麼做才好呢？

答案是「模仿善於和那個人相處的人」。

這時候就要找出一個很善於和你那位處不來的上司或前輩相處的人，並試著模仿他，仔細觀察他的言行舉止，以及他們都聊些什麼樣的話題、如何對話等。

如果觀察過後，你還是不懂，那就鼓起勇氣直接請教對方，問問對方該怎麼做，才能和那位處不來的前輩相處。還有，當上司或前輩說了討厭的話、態度令人生厭時，那個能與其和諧共處的人是怎麼應付的，或怎麼克服的。

你要盡量維妙維肖地扮演那個能夠和你討厭的上司或前輩共處的人。如果某些場面還是讓你不知所措，那就表示你演得還不夠像。努力研究看看怎樣才能和討厭的人相處得更好吧！

當處不來的人在場時，你並沒必要為了對方而去改變自己的本性。要和處不來的人交際時，靠模仿與扮演八面玲瓏的人來克服，也是一種選擇。只要這麼去想，心情就會輕鬆多了。

並不是要你改變自己，但只要換個想法，就能讓厭惡的情緒消失。模仿別人，是個馬上就能開始實行的方法。

應對訣竅

試著去模仿擅長跟討厭鬼相處和應對的人。

08

明明都犯同樣的錯，卻只有自己被罵

同事就算犯了一樣的錯也不會被罵，被罵的永遠是自己。你很不高興為什麼上司只罵自己嗎？

首先，應該要先確認被罵的真的只有你嗎？說不定，這只是你個人的「一廂情願」吧？

我們常常會將「事實」往自己有利的方面扭曲。而陷入這個情境的好處在於被罵的人只有自己，而且認為只有自己被罵，覺得自己是受害者，然後以受害者這一點來安慰自己。

如果大家都挨罵，那就不利於你以受害者自居了。

很多人都會像這樣以受害者自居，剛開始也許會因為只有自己被罵的不公平待遇而感到生氣，但是「自憐」是一種會產生舒適感的自我保護機制，覺得自己遇到這種不公平待遇很無奈，認為自己是受害者，自己並沒有錯。

不過，這種舒適的感覺是短暫的，之後反而會因為受害者意識而變得消極、心情鬱悶。

莎士比亞有一句名言：「世上的事情無好壞之分，全是思想使然」。如果事實上並不是只有你被罵，一切只是你個人主觀認定的話，最終你會將自己逼入不幸的處境。因此，請務必將「事實」和「一廂情願」區分清楚。

應對訣竅

將「事實」和「一廂情願」區分清楚。

09

對於把「哎呀，可是……」當作口頭禪的部屬或後輩感到不耐

「哎呀，可是我覺得這樣就行了……」

「哎呀，可是你又沒說清楚……」

有一種部屬或後輩，不論你說什麼或問什麼，都是這麼回應的。

「為何就不能老老實實的回答『是』或『對不起』呢？」

光想到這裡，或許有的人便會不由自主地心煩起來了。

如果對方是因為想要反駁，那還說得過去，但是有的人就愛沒來由地拿「哎呀，可是……」當口頭禪，而且仔細聽完對方所說的，往往會發現內容言之無物，讓人感到煩躁。即使說這些話的人本意不在於辯解，但聽在別人耳裡，只會覺得會這麼說就是在找藉口推託。

其實，對方會這樣也是有原因的。這是因為你在詢問時，使用了一個錯誤的用詞。**一旦用了錯誤的詞語問問題，就會讓對方馬上開始找藉口辯解。**

這個錯誤用詞就是「為什麼？」。

這個「為什麼？」是帶有責備語氣的詞語。而對方一感受到責備的意味，當下便會想要逃離現場。既然逃離現場被對方列為最優先目標，藉口自然就會脫口而出了。

所以當你問出「為什麼做不到？」、「為什麼要找藉口？」時，便等於是在誘導對方提出藉口來辯解。

換言之，我們平時總是不加思索就使用「為什麼」這個詞語，表面上看似在詢問，事實上卻是在責怪對方。

那麼，到底該用什麼樣的說法會比較好呢？建議可以使用「該怎麼做」來代替「為什麼？」。

在對話中使用「該怎麼做」這個詞，便是給對方提出意見的機會。換句話說，就是「將表達想法的控制權交給對方」。對方在得到控制權後，就會產生建設性的思考，進而能夠說出藉口以外的答案。

「為什麼？」這個詞就像把球由上往下地砸向對方；相反的，「該怎麼做？」則像是由下往上傳球給對方。

比方說，你只需要改口問：「該怎麼做才好？」、「要怎麼做才來得及？」，對方的態度就會有一百八十度的轉變了。

應對訣竅

把「為什麼」換成「該怎麼做」，對方的態度就能有所改變。

10 部屬說了卻不馬上做

有的人因為向部屬交代了工作，部屬卻沒有馬上去做，而感到很煩躁。比如說拜託部屬做個簡單的數字核對工作，結果對方卻沒有馬上做，甚至還有人會放在桌上放到忘記。

其實，這個「馬上」正是雙方價值觀的分歧點。

對你來說，「馬上」是指多久時間以內呢？你是希望在中午前解決呢？還是在一小時內處理好呢？或者希望對方當下立即動手呢？

你認為的「馬上」和部屬認為的「馬上」是有差距的，因此就算你開口催促遲遲未動手的部屬：「不是叫你馬上做嗎？」也許他的腦袋一時間也轉不過來：「咦，有這麼急嗎？」。

許多人的心裡對於要「馬上開始」會有所抗拒，而原因除了覺得麻煩以外，還有個更大的心理障礙，那就是「不知道需要花多少時間，以及是否該立即執行」。

比方說，訂定一個「如果三分鐘內做得完，那就馬上做」的規則，部屬就不會遲疑了。這樣一來，大多數人就能夠判斷那件工作是否需要馬上處理。

倘若你表示「馬上」要，卻沒事先訂好規則，那麼基於每個人的時間觀念不同，何時動手處理也就因人而異了。當對方處理的速度與自己的期待有落差時，你便會心浮氣躁起來了。

如果想要徹底貫徹「馬上」處理，就訂出一個「多少分鐘內做得完的事，二話不說馬上做」的規則吧！

應對訣竅

訂出「馬上」是指「多少分鐘內」的明確規則。

11 對部屬的粗心大意感到不耐煩

有些人會覺得，沒有什麼事會比在工作上粗心犯錯更讓人生氣的了。

因為從上司的角度來看，會覺得那明顯就是因粗心才犯下的普通錯誤，只要稍加留意，應該就不至於出差錯了。

或者，更進一步擅自給予部屬「就是一時粗心嘛，稍加注意一點，很快就不會再犯了吧！」這樣的期待。

我們會對「以為能改變卻改不了」的事情生氣。

「明明可以改，卻沒有去改！」

這種認為對方能夠改變的想法其實都是單方面認定的，實際上很少有人會去考慮這個改變具體要花多少時間，以及想要對方改到什麼程度，卻只是一味地對部屬的失誤感到煩躁，怨嘆：「不管說過幾次都沒變嘛！」、「要到幾時才會懂啊？」

如果你真的想要改變什麼，那就先把下列三項弄清楚吧，因為這三個項目的不明確，才是令人感到不耐煩的癥結所在。

時間：要改進到什麼時候才滿足。

做法：更加具體的方法。

程度：改進到什麼地步才滿意。

你可以將時間、程度分成十個階段，預先設定好自己覺得滿足的基準點，比如：時間上的改進必須達到十分才能滿足，或改進程度上只要達到五分就夠了。

設定具體的基準，就是使人不心煩的唯一訣竅。

應對訣竅

對部屬清楚表明該花多少時間、該怎麼做、要改變多少程度。

12 部屬無論說過幾次還是犯同樣失誤

「我老早就想說了……」

「趁這個機會，事先聲明一下……」

「都說過好幾次了……」

「我老早就想說了……」、「趁這個機會，事先聲明一下……」、「都說過好幾次了……」、「重複多少次了……」等，這些詞句都不適合在責備別人時使用。

因為這些全都是翻舊帳的句子。在責備人時翻舊帳並不妥當，會讓被責備者覺得：

「事情都過這麼久了，你為什麼還要重提？」

「和現在發生的事根本沒關係好嗎！」

這樣不但模糊了焦點，還會讓被責備者產生不信任感，而無法認真聽進你說話的內容。

被責備者的心理是很任性的，一旦被用討厭的方式責備的話，便會轉而怪罪責備者。然後在怪罪責備者的當下，將自己的責任問題轉化成「都是這樣罵人的上司的錯」。所以罵人必須思考的是，如何才能讓人把話聽進去。

為什麼責備人時，還要把舊帳翻出來說呢？其實無非就是想要強調自己有多生氣。而這句「老早就想說了……」，就是**強調生氣的修飾語**。

所以說，一旦在責備別人時翻舊帳，對方就很難聽進你真正想指正的事情了。

應對訣竅

責備人時，千萬不要翻舊帳。

13 部屬嘴巴上說「我會加油」卻沒有任何進步

我有一個部屬，每次挨罵時總是說：「我會加油」、「我下次會注意的，請放心」，結果卻一點進步都沒有。

如果他只是隨口說出「我會加油的」，就會讓人想罵他罵得更重一些，可是他看起來確實很積極，明明有好好努力，只是能力稍嫌不足，讓人不太好意思繼續罵下去。

這個問題就出在部屬本身並不知道應該把自己提升到什麼程度。換句話說，部屬並不明白具體要做到什麼地步，才能夠滿足你。

對部屬而言，覺得「依自己的能力所及，下次再多努力點應該還能應付吧。」但問題出在他並不了解這樣究竟是否合乎你所要求的標準。

這種時候，就來做個**評量問句（scaling question）**式的諮商吧！

評量問句式的諮商是這樣的：

「假設滿分是十分，而你目前只有五分。你覺得該做些什麼，才可以再往上提升一分呢？」

評量問句能將理想狀態、目前狀況、理想與現況的落差範圍，用數字來做客觀評量。從中具體了解到必須做什麼，及做多少，才能接近理想狀態。

以前面舉的例子來看，理想和現況差了五分，等於要實現理想就必須先跨越五個等級。

當部屬學會開始思考「為了跨越這幾個等級、為了距離理想更近一步，自己實際上能做些什麼？」時，該做出什麼樣的具體行動，自然不言而喻。

應對訣竅

利用「評量問句」，用數字來表示落差範圍。

14

部屬將對他的斥責說成是職場暴力

最近有不少人都在苦惱該怎麼責備人，我也經常接到要求教導或指正個人責備方式的委託。

現代越來越難責備下屬的原因有很多，不論好壞都有，例如：「對於職場暴力的認知越來越普及」、「不習慣被人責備的年輕人變多了」、「太過習慣讚美」等。

最高明的指正訣竅，就是**設一條「穩定的指正基準線」**。

指正基準線指的是「超過這條基準線我就會罵人」的界線。為了保持穩定的標準，於是重點就在於，每一次的指正都要在同一條基準線上實行。

例如：說好遲到就要開罵，假設是十點集合，自己就在心裡設一條「只要他十點到就沒問題（十點以前到達就不開罵）」的基準線，只要對方在十點或十點以前到達，就不予責備。

這聽起來很理所當然，但做不到的人卻出乎意外的多。因為有很多人是心情好的話，就算對方十點二分才到，也不會開罵；而心情差的時候，就算對方九點五十九分就到了，也會罵「太慢了！」。

像這樣因人而異、沒有固定標準，就會讓被責備者覺得你根本是憑心情亂罵人的。由於基準線設得不夠明確，被責備者會覺得自己被罵得很不公平，進而譴責這是在施展職場暴力。

如果能明確地劃出指正基準線，並且穩定實行的話，任何人都會知道「超出這條基準線，就會挨罵喔！」，這樣既公平又清楚。

如此一來，因為你的指正就會讓人覺得非常公平，也就不會再一開口就與職場暴力劃上等號了。

應對訣竅

「超出訂好的界線就開罵」，只要固定基準線，便不會被說成是職場暴力了。

15 部屬工作越忙越早回家、越愛請假

「上司下班前，大家都不能下班，這是常識。」
「不該在繁忙時期請假，這是理所當然的。」
「工作上不能給人添麻煩。」

在以前，這些可能都是不用說、大家都有的共識。但在現今這個時代，要讓人理解「在上司下班前，大家都不能下班」是非常困難的事。

從部屬的角度來看，上司說的話才不合理呢。所以不管你說幾次，部屬都無法理解，而且你越唸，部屬只會更抗拒。

為什麼部屬會這麼想呢？為什麼對方會有這樣的價值觀呢？這些問題你就算想破頭也沒用，因為就算知道了原因，你也無能為力。即使了解那是因為彼此所受的教育不同，你又能為此做什麼呢？

我們在解決問題時，通常會找出「原因」是什麼，並著手解決。**這種解決方式稱為「尋找原因」**。找出問題最根本的原因，是一種理所當然的方法，但這麼做也有問題，**因為原因往往是不能改變的**。

了解問題的原因不但能夠解決問題，至少也能給你解決問題的線索。不過，知道原因卻無法改變問題點的例子也多如繁星。

不能改變的話不去改變也沒關係。與其執著於改變不了的原因，不如多用「該怎麼做才會改善」的觀點來看待事情。

應對訣竅

做不到的可以不做。
不要執著於那些無法改變的因素。

16 部屬遇到問題都不來商量，難怪會失敗

「為什麼都不商量就這麼做了？」

「一般應該要問一下吧？」

「怎麼到了這步田地才來報告？」

遲遲不行動的部屬令人煩躁，但幾乎不和人商量就自顧自地工作，直到失敗、問題擴大了，才跑來報告的部屬，也是挺麻煩的。

我知道許多公司應該都想要徹底實行「報告」、「連絡」、「商量」的三步驟。

「如果你早點來跟我商量，狀況就不會惡化了啊……」

「現在才說，一切都沒希望了啦！」

也許你現在滿腦子都是各種負面想法和懊惱亂竄，但是這時候要特別注意的是，**一定要避免打擊到部屬的行動力和幹勁**。

與其思考如何責備埋頭苦幹的部屬，至少稍微肯定一下他的行動力吧！如果這時候你還一味責怪部屬的缺失，下次那個部屬可能就很難再邁開步伐去做嘗試了。

從部屬的觀點來看，你這麼說，就像是在責怪他的失誤，他心裡會覺得委屈：「我都這麼努力工作了……」。

而你抓著那個問題點窮追猛打，否定他的努力，這樣一來，部屬就會因為受到責備而沮喪。

至少你要讚美部屬的行動力，然後在下次交辦工作時，要更妥善指示該確認的地方。

應對訣竅

不要打擊部屬幹勁，多多讚美對方的行動力吧！

17 對於部屬只要事情做好就夠了的想法感到心煩

上司：「每週一上午的第一個業務會議你怎麼沒出席？要提升業績，開會是必要的啊！」

部屬：「即使不出席，我也達到目標了啊。」

你想叫部屬參加會議，但他的業績數字確實有成長，也達成業績目標了。

那麼這類型的部屬該怎麼說他才好呢？

首先請問你，在責備他時有明確地表現出內容和目的嗎？
責備時有個容易犯的失誤，**就是想指正的內容與目的偏離了。**
以前面舉的例子來說，內容和目的就是偏離的：

責備的內容：提升業績數字。
指正的目的：想要部屬去開會。

假設目的是提升業績數字，那麼即使他沒出席，業績數字仍有提升，就是鐵錚錚的事實。所以你這樣責備，部屬並不會有所反省。

如果目的是要他參加會議，就要告訴他出席會議是公司規定，而且公司裡的人際交流很重要，也關係到業績數字的提升。用這麼明確的表達方式可以告訴他：和公司內部的交流很重要，出席會議屬於優先項目。

一旦責備的內容偏離了目的，被罵的一方是不會有反應的。先把要提醒的內容和目的搭配好，再開始責備他吧。

應對訣竅

要提醒的內容和目的必須一致，再開口責備。

18
對反覆問相同問題的後輩不耐

可能有人會覺得明明同樣的問題前天和昨天才解釋過，今天卻又問了一次的後輩很煩。你對那個後輩感到不解：「為什麼老是跑來問一樣的問題啊？」接著，會想知道後輩始終弄不懂的理由或原因。

要解決這樣的問題，有兩個方法：

1. 解決問題。
2. 制定解決對策。

這兩個方法看似很像，其實並不一樣。

「解決問題」是修正壞的地方、將問題點拿掉。舉例來說，某個工作的流程出問題，於是我們將整個流程換掉就解決了問題。

而「制定解決對策」則是壞的地方不修正也沒關係，只要結果能接近理想狀態就可以。

比如說，目前工作的流程有問題，而且糟到無計可施；為了能更接近理想狀態，於是嘗試其他類型的流程或新的措施。

對於同樣的問題問了好幾次的後輩，與其想「為什麼他做不到？」，不如想「如何才能讓他做得到？需要什麼條件才能成功呢？」，這樣更積極正面、更容易成功吧。

畢竟要做到原本就做不到的事，需要消耗太多的心力和勞力。

應對訣竅

比起修正，
不如制定可以更接近理想的解決方案。

19 後輩的私生活靡爛

有的後輩一開口便是吹噓多會玩。若單純只是說和誰去哪裡、和誰在交往，還說得過去，但有些後輩淨是吹噓一些下流的事蹟。看著這種人，有些人會暗批「身為成年人，這副德行行嗎？」並因而感到心煩不已吧。

可以理解你身為成年人、前輩，見到後輩私生活靡爛，想去說說教的心情。畢竟私生活靡爛可能會對工作帶來不好的影響，而且想到那個後輩往後的人生，覺得不能置之不理也是人之常情。

但是，這裡需要思考的是，你管教後輩，算不算在公司的業務範圍內？

就算你再怎麼為後輩著想，想提醒他、給他建議，如果已經超出業務範圍，那就別干涉了。你不能因為對方是後輩，就連業務範圍外的事都插手。

在公司，**你只需要指導與業務相關的事情**。若連私生活都指導，那就是管教，而不是工作了。正義感強、道德心又高的你，也許正為此感到兩難吧，但為了你自己好，你必須學會做出區隔。

也許當你在捷運上看到有人不守規矩時，即使不認識，也會想要糾正對方。有正義感和道德觀是好事，可是一旦太超過，連沒權力管的事你都想插手，然後心裡因為不能制裁他，反而會焦躁不已。

當你想給後輩的私生活建議時，先分清楚這是管教還是指導吧！

應對訣竅

認清管教和指導的差異，不插手業務以外的事情。

20 同事業績好就不出席業務會議

照理說，公司每週一早上的第一個業務會議所有人都必須出席，而有個同事即使不出席也不會被唸，因為他的業績好，上司沒法狠狠地罵，他自己也知道上司罵不出口，一副瞧不起人的模樣。在這樣的情況下，你對那個同事和沒能硬起來罵人的上司都感到不快──

憤怒的情緒不會憑空而降，在感到憤怒前，必然會先感覺到某個情緒。用專業術語來說，**憤怒是「次級情緒」**，有次級自然就有**「初級情緒」**的存在。

請想像心裡有個杯子，我們每天都往杯子裡倒進「難過、寂寞、悲傷、不安、痛苦」等負面情緒，這些都是初級情緒。

當杯子裡裝滿初級情緒時，基於某種契機，就會轉換成憤怒，滿溢出來。

回想一下在你對同事感到生氣前，有什麼樣的初級情緒在，並且查明它。因為**從那些初級情緒中找到的答案，是讓你能好好面對憤怒的重要關鍵**。

例如，你對同事感到氣憤前的情緒是「不安」，是源自於擔憂同事沒出席會議，因此擾亂大家的和睦？還是擔憂同事的業績遠遠超過了自己呢？

先想想自己感受到什麼樣的初級情緒，然後找出自己能處理的項目。多關心初級情緒，你的煩躁、憤怒自然就會變小了。

應對訣竅

隨時留意你心裡杯子裝的「初級情緒」。

21 對於同事把公共空間弄得髒亂不堪而感到不快

當你看到同事將茶水間、廁所等辦公室的公共空間弄髒，心裡會感到很厭煩吧。而且有時這種人自己的辦公桌還特別乾淨，讓你不由得對這樣的差異心生疑問：「這個人的神經到底是怎麼長的啊？」

這裡有兩個問題點，來想想看吧：

1. 是否覺得公共空間應該保持乾淨？
2. 如果覺得應該，那要乾淨到什麼程度才行？

首先，是否追問一下那位同事到底認不認為公共空間必須保持整潔呢？不過，照理說應該沒人會覺得公共空間髒亂不堪才正常吧。

那麼，問題就在於「該保持多乾淨」的「程度」問題了。

其實你們雙方都有維持公共空間整潔的意願，只是因為對整潔「程度」的定義不同而起了衝突。

這時候，就算你要求同事「應該怎麼做」，也解決不了問題。因為雙方都有共識「應該要保持整潔乾淨」。

這時候可別心煩氣躁，你需要想一想，將公共空間清理乾淨這件事，在你的心中有多麼不可退讓？

假設不可退讓的最大值設為滿分十分，那你會給幾分？同時，也想想你還有其他什麼事也是不會退讓的？其他事和清潔公共空間相比，又如何呢？

如果不退讓是五分，再差一分就可以退讓的話，你會怎麼做呢？將做法明確表達出來吧。

如果你可以明確地表達，就可以了解自己究竟為了這件事煩心到什麼程度，同時也能知道自己需要哪些條件才會不再執著。

了解自己之後，再把這個分數量表拿去和同事討論吧。假設骯髒度你給了五分，而同事卻只給了一分，這時候你就會真正清楚自己和同事在觀念上的分歧與差異，進而能夠找出協調的方法了。

社會就是由各式各樣不同價值觀的人們所構成的群集，所以世界上有和自己不同的人存在是理所當然的事。

接下來就是想辦法認同雙方的差異，並加以調整。知道調整的方法後，你就能以更愉快的心情度過工作和生活了。

應對訣竅

將自己心中「不能退讓」的程度用數字來呈現。

第2章

在家裡的冷靜思考術

22

另一半都看當天心情打招呼的

人的心情時好時壞很正常，雖說如此，還是希望家人每天都能開開心心地過活。以夫妻為例，當一方心情不好時，另一方的心情也會跟著變差。

舉個例子來說，有的時候丈夫下班回家，妻子會說：「你回來啦。」有時卻不說。假設有說的時候就是妻子心情比較好的日子，沒說的時候就是心情不好的日子，做丈夫的，就可以思考看看有沒有什麼方法，能讓她心情好的日數增加。

請從仔細回想妻子心情好的日子，然後從觀察妻子開始，想想妻子一大早是什麼樣的態度，比如：她有說話嗎？說了什麼內容呢？還有，她穿了什麼衣服？那天她是否有什麼行程計畫？

接下來換你自己。記得自己一大早是怎麼和另一半對話的嗎？又採取了什麼樣的態度呢？此外，你說的話、做的事是否有讓另一半感到開心、心情變好呢？

人的心情好壞是有模式可循的，所以一定有**能讓妻子心情轉好的模式**。找出那個模式，然後想想你能做些什麼來增加她開心的時刻，再著手行動吧。

找出能順利進展的方法並且積極實行，就是讓家庭和樂的重要訣竅。

應對訣竅

找出能讓另一半心情變好的模式，增加他心情好的時刻。

23

自己很節省，另一半卻花錢如流水

自己每天都在節省午餐費和飲料費，但回到家裡，一眼就看到妻子網購的好幾個紙箱：「搞什麼啊，都妳在買！」，心裡不由得升起一股怒氣。

這時若下意識地將對妻子的怒氣脫口發洩出來，絕對不是好事，因為在我們生氣時，最不可以做的便是「反射性的罵人」。這個時候脫口說出的話，很容易你一言我一句地引起不必要的爭吵。

據說，當人煩躁、發怒時，前六秒是憤怒情緒的最大值。也就是說在一開始生氣的六秒內所做的任何行動，都不是基於冷靜狀態下做出的判斷。換句話說，發怒後，稍等個六秒過去，你會做出更好的判斷。

也許你曾經看過足球比賽的球員被鏟球後，用頭撞或回踢對手，以致於被判紅牌離場。為什麼球員會犯這樣的錯呢？因為就連一流的運動員在那一瞬間都很難控制情緒。

當你火冒起來，反射性地想說些什麼時，先等個六秒吧！不論是在心裡數或直接等六秒過去都可以。

如果發怒了，用手指將令你生氣的事寫在手掌上吧。這樣做可以養成身體在勞動時（這邊是寫在手掌上），不說也不做其他事的習慣。

即使心裡不爽，也不要馬上破口大罵，這一點請好好銘記在心吧！

應對訣竅

將令你生氣的事，用手指寫在手掌上，靜待六秒鐘過去。

24

對不擅整理房間的另一半感到煩躁

前一章有提過，對部下不耐煩時，「做不到就不做，也沒關係」的想法是很重要的，你也許會覺得「做不到就不做，這樣問題不就沒解決嗎？」。

在這裡要再重複一次，解決問題跟制定對策是完全不同的。舉例來說，如果你一直對妻子不擅整理房間感到不滿，而你查明原因後，發現原來是她捨不得丟東西。

既然如此，你覺得只要東西都清掉就能解決問題了。不過，「丟東西」這種事因人而異，有時候非常難執行。

如果你能接受「只要房間能整理好，東西多也無所謂」，那麼只要她學會整理，即使東西再多，你也不會對妻子感到不滿。這就叫做「制定對策」。

捨不得丟東西（做不到的就不做，沒關係）。

學會清潔整理的方法（制定對策）。

簡單的說，**雖然做不到的事依然做不到，但至少可以接近理想狀態**。以這個例子來說，想要會整理，那就分出收納箱、貼上標籤、將物品分類成輕重緩急等，制定出一些處理對策就可以了。

做不到是缺點。而要求改正缺點就會造成壓力，更加強化不想做的情緒。因此與其消滅缺點，不如增強優點，這樣一來，人會比較輕鬆，也更容易面對問題。

應對訣竅

制定對策和解決問題不同。

25 夫妻吵架情緒太激動，冷靜不下來

夫妻吵架常有不小心情緒太激動了，雙方都冷靜不下來，關在房裡生悶氣，甚至嚴重時還有人會離家出走。

這時候就來個「Time -Out」吧！Time -Out 就是運動比賽中的「暫停」。在比賽中有時雙方會提出暫停，等暫停時間結束後，才可以繼續比賽。

不過，夫妻吵架可就有點難比照辦理了。吵架後關在房裡冷戰，甚至離家出走都不算暫停比賽，而是單方面棄權。

一旦有一方棄權，之後要冷靜對話或和好就變得很困難了。

而且夫妻吵架，並不是有一方贏就好。會吵架，雙方各自都有大大小小的原因存在，單方面的打壓對方並不公平。

那麼，**來訂個夫妻吵架時可用的暫停規則吧！**

暫停規則就是，當雙方吵架，情緒亢奮、冷靜不下來時，可以決定稍做暫停。

暫停結束後，當然還是要繼續比賽。而這個情境下使用的規則，是夫妻吵架時雙方同意約好「多少分鐘後再回來」後，便可先暫時離開現場。

然後，當實際發生吵架時，你可以這樣做：

「我現在冷靜不下來，容我暫離一會。三十分鐘後再回來繼續談。」

事先定好暫停規則，即使是夫妻吵架，也能冷靜溝通了。

應對訣竅

先訂好「暫停」規則，好讓激動的情緒平靜下來。

26

被罵不幫忙做家事、照顧小孩，感到很煩

「家事我已經很盡力在做了，她卻不了解。」

像這種「自己本身很努力了，可是對方卻不懂自己的苦心」的委屈，就會造成心理壓力。

這個情況的問題點在於，雙方認為的「幫忙」程度有落差。因此即使雙方都擁有同樣的價值觀，認為必須幫忙照顧孩子、做家事，卻因為認知不同而造成對彼此的不滿。

要讓對方理解「自己有盡力」，是一件非常困難的事。在這邊讓彼此用數字為「自己有多盡力」評分吧。

以這個例子來說，就是針對幫忙做家事、帶小孩的程度，進行評分。然後，把自己打的分數和另一半給的分數比較一下。

你自己：滿分10分，給6分。

另一半：滿分10分，給2分。

你覺得以滿分10分來說，自己做了6分的努力，然而另一半卻覺得你只做到2分，這樣就知道夫妻雙方的感覺落差有多少了。既然知道了雙方認定的差距甚大，就可以來具體想想看，到底要做些什麼才能補足4分的落差。

造成這4分落差的關鍵，也許是出在幫忙的「時間」上，抑或是出在幫忙的「頻率」上。

這樣做才能真正了解到彼此的「盡力」差距，進而補足落差，縮小夫妻之間的隔閡。

應對訣竅

用數字對彼此的「盡力度」進行評價。

27 另一半老是在跟別人比較

「我朋友她老公都會主動幫忙做家事呢！」

「○○的年收入，好像有○百萬圓呢！」

「為什麼我們家總是過得這樣拮据啊……」

老婆就像故意要氣自己，才拿別人來比較似的，聽了心裡就很不舒服。

即使實際上並沒有要比較的意思，但是聽在耳裡就是有，心裡還是很不愉快。可是反過來說，在某些情況下就算自己被拿去比較，也絲毫不會放在心上，究竟為什麼會有這樣的差異呢？

說穿了，被拿去跟人比較就會感到不愉快的背後原因，就是「沒有自信」。因為自己缺乏可以被拿去比較的自信，所以一被比較，就會像被人責罵似地感到自卑。

其實，你自己的內心深處也知道自己沒有自信，才會被人家稍微提到一下，你就不開心、反應過度。因為你覺得自己受到了責備，為了保護自己才會那麼地生氣。

憤怒本來就是為了保護自己而存在的情緒，就是一種與人比較、使你心情不愉快時，用來大發雷霆以保護自己的機制。

被人拿去比較時所感覺到的這份情緒，讓你察覺到自己不擅長的部分、脆弱的部分、不願被人叨念指責的事，及自卑、沒自信之處。

人都有幾個沒自信、自卑的點，平時不願意去看或盡可能不去看。但越是這種時候，就越能讓你正視自己，因此試著老老實實地接受自己自卑的地方吧。

應對訣竅

試著老實接受自己的沒自信和自卑感。

28

對於想去公園玩卻還拖拖拉拉的孩子感到不耐煩

我們常常會有忘記原本的目的而心煩氣躁的情況，也就是方法和目的整個本末倒置了。

以這個例子來說，原本的目的是要和孩子一起玩，方法則是選擇了去公園。既然目的是和孩子一起玩，那麼就算不去公園玩，其實也可以達成目的，畢竟對孩子來說，就算是在路上亂逛也很好玩。

不過，當方法跑到目的的位置上時，就會使人對不需執著的小事煩躁起來。遇到這種時候，你可以拿下列的問題來問問自己，也許會出乎你意料地輕易化解了心煩，所以煩躁時不妨試試看！

「你一開始的『原本目的』是什麼？」

例如，原本預定要去看電影，但女友遲到沒趕上，於是你們吵架了。

可是，原本約看電影的目的，不就是想和她一起共度愉快的時光嗎？即使看不了電影，還是能和她一起愉快地度過的啊。而且沒趕上電影，反而得到了一個機會能和她聊得更多。

其實，越是對目的執著的人，越容易陷入這種方法和目的本末倒置的陷阱中。正因為對目的有著強烈執著，才提高了倒置的機率。所以，隨時提醒自己想想原本的目的，就能避免不必要的怒火了。

應對訣竅

想想原本的目的，避免不必要的怒火。

29 懊惱忙碌時，對孩子發火

工作一忙，你是否一不小心就對孩子太兇，之後卻又一直感到後悔和罪惡感。

我們很難說自己平時有做好怒氣控管，幸而怒氣管理正是本書的主題，我對於管理怒氣的看法如下：

「必須生氣時，就要懂得生氣。

用不著生氣時，不生氣也無妨。」

我們總是一再重複著「生氣也後悔，不生氣也後悔」的事。

生氣也後悔，指的就是「當時不生氣就好了」，「不生氣也後悔」則是指「如果那時候講清楚說明白就好了」。

生活中，本來就有很多不得不生氣的事。反之，用不著生氣的事也並非少數。

其實，有必要生氣和沒必要生氣之間的分界線，就是「後悔」。

假如那是一件生氣完會後悔的事，那就沒必要生氣。

假如那是一件不生氣會後悔的事，那就有必要生氣。

當你下次想發脾氣時，先想想這一條判斷生氣或不生氣的「後悔」分界線吧！

應對訣竅

讓「後悔」作為有沒有必要生氣的分界線。

第3章

對自己感到生氣時的思考術

30 對自己什麼都做不好而感到生氣

「為什麼這種事也做不到呢？」

「大家都做得到，只有自己做不到，真是太差勁了！」

不少人會像這樣對自己感到氣憤吧！工作上連連出錯，被上司責罵，連自己認為做得到的事都失敗了。不應該如此的啊，明明自己可以做得更好的啊……

一旦一件事情失去了自信，自己又不小心落入自責的惡性循環，漸漸地自信心就會越來越低落，陷入自我厭惡的情境之中。

像這種對自己失去自信的人，**也許是目標設得比其他人高出太多**。

要知道沒有任何人是完美的，不論是誰，總會有幾項不拿手的。反過來說，每個人在每天的生活中，也都在不斷完成許多的「小成功」。

也許你不覺得自己能做出什麼成功的事，但千萬別這麼想，其實你每天都有很多成功的事蹟。比如，一大早起床、搭上擠滿人的通勤捷運、到達公司、參與會議、處理客訴……等等，這些都是小成功，請別認為做到這些事都是理所當然的。

即使是你每天理所當然就輕易完成的事情，對有些人來說，還是相當困難的。

你比你自己想像的還能做更多的事，將這些小成功記錄在筆記本上，了解一下吧。記錄成功經驗後，漸漸的你就不會再貶低自己了，每天都能滿懷積極的自信。

應對訣竅

將「小成功」記錄在筆記上，漸漸獲得自信。

31 對於別人認為自己容易發火感到心煩

自己明明沒有生氣的意思，甚至根本沒生氣，在職場上卻被列為「容易生氣的人」。想必有讀者會對這樣的待遇感到不滿，而且難以接受吧。

別人看不到你的內在，因此皆是藉由你的言行舉止來判斷你。說不定你曾在無意間做了什麼讓別人以為你很難搞、容易生氣的事情，才會造成「別人所看到的」和「你自己覺得的」的樣子有所差距。

如果別人已經這樣看待你了，那就來試試「維持二十四小時不生氣的冷靜行動」吧。

「連續二十四小時不生氣的冷靜行動」是怒氣管理中的一個技巧。

方法很簡單，首先盡可能選個很忙的日子，並且，這個行動不論從幾點開始都可以。

在展開行動的二十四小時中，不論你內在的情緒如何，都要努力讓外在看得見的行為、舉止、態度、表情或言詞，都徹底保持平靜。

當你的舉止冷靜、平穩，說話措詞自然就會有禮起來，緊接著也會態度平和，慈眉善目，嘴角往上揚起，表情變得柔和，甚至連對人微笑說「謝謝」的頻率也會增加。

我們總是想要改變別人對自己的看法，現在，就藉由這個二十四小時的冷靜表演，來讓你實際感受到別人對你的評價有多大的改變。

應對訣竅

保持冷靜表演二十四小時，別人對你的評價就會有所改變。

32

電腦速度慢得令人不耐煩

平時處理速度很快的電腦出問題了，令人很不耐煩。

跟電腦有關的心煩事，總離不開這些因素——電腦動作變慢、無預警關機讓打到一半的文件沒了、網路速度超慢……。

這時候你會如何應付呢？是不是不耐煩地猛按 enter 鍵，對著螢幕嘖嘖抱怨呢？

其實你的心裡也很清楚，不論再怎麼多火大，電腦速度都不會立刻變快。

當理應發生的事並沒有發生時，就會感到心煩。這種感覺就和時間到了捷運卻還沒來、該到的包裹還沒到一樣。

這時，安撫情緒的「魔法咒語」，就會派上用場。

人在煩躁時，只要對著自己小聲低語，就可以平靜情緒。只要覺得是能鎮定自己情緒的句子，都可以用來當作魔法咒語。

「沒事的、沒事的。」

「這算不了什麼。」

「也罷，慢慢來吧。」

比如像這幾個例句，或是用家人的名字、喜歡的東西都可以。

應對訣竅

準備能使自己鎮定的「魔法咒語」。

33 因為價值觀不同，跟男／女友吵架了

常有情侶會因為價值觀不同而爭吵起來，原因在於價值觀的差異令人心生煩燥，才會容易起爭執。

如同之前所提過的，我們介紹過好幾個怒氣管理中用來消解生氣煩躁的方法。比如，一開始最先介紹的「尋找相同點」，對於增進男／女朋友的良好關係就頗為有效。或是「做不到的不做也無妨」，不執著於改變不了的原因也都挺有效的。

只是，當價值觀差異實在太大的情況反覆發生時，很容易會有「果然還是不行啊，看來彼此沒法理解了」和「a ki ra me ru」的想法冒出來。

日本人平時常用的「a ki ra me ru」有兩種寫法：「諦める」、「明らめる」。其意義分別如下：

諦める——覺得沒有希望和可能性而放棄，死心斷念。

明らめる——1.解明事情及原因、清晰分明。
2.使心情明朗愉快、豁然開朗。

那麼你用的是哪種「a ki ra me ru」呢？

你的價值觀和對方不同，是很自然的事，畢竟你們的生長環境和背景都不同。如果價值觀完全一樣，才不自然呢。

而且兩人之間的共同價值觀是要花時間慢慢培養的。正因為花了時間和心血栽培，才會對彼此具有重要意義。

價值觀不同的人，就是教你認識不同價值觀的貴人。

人生中，你也許會因為接受不了相異的價值觀，而想要放棄構築關係，不過一開始就「諦める（失望放棄）」，未免也太可惜了。

將哪裡不同、怎麼樣的不同都清楚表現出來，讓接受彼此的相異處成為一種樂趣，調整情緒，讓心情明朗起來吧。

雖然對方不照自己的想法走，經常會讓你產生「a ki ra me ru」的想法，不過盡量將「諦める（失望放棄）」轉換成「明らめる（明朗愉快）」吧！

比起「放棄」占多數的人生，「明朗」占多數的人生顯然會更美妙吧！

應對訣竅

將「諦める（失望放棄）」轉換成
「明らめる（明朗愉快）」吧！

34 只要有一點壓力，健康就會出問題

要和煩躁的情緒好好共處，平時多注意身體狀況是很重要的。

身體狀況不好時，人便很容易情緒消沉。前面也提到過，當心裡的杯子裝滿負面情緒，便很容易轉變成憤怒而潑灑出來。所以身體狀況不好時，就容易生氣。

我們可以透過控制身體來控制自己的情緒，比如，光靠呼吸方式就能改變一個人的情緒。

試著急促地呼吸幾下，你會發現自己馬上沒來由地焦慮起來。而慢慢地深呼吸，則有助於穩定情緒。緊張時「就做個深呼吸」，這是前人透過呼吸

來控制情緒的智慧。

試著讓臉上的表情保持和顏悅色，你的情緒也會跟著溫和起來；如果嘴角總是下垂，情緒也會跟著不自覺地變差。態度也是一樣，舉止平靜時，情緒也會平靜。

試著回想日常生活中遇到的人，就會發現這類的例子都有跡可循。

身體和情緒的關係就是如此的密切。

而健康管理就是飲食攝取要均衡、好好睡覺、運動。為了不讓自己心煩氣躁，今後你需要更加注意健康管理。

應對訣竅

藉由控制身體來控制自己的情緒。

35 即使對方道歉也冷靜不下來，反而會發更大的火

雖然多次提到生氣本身並不是問題，但若是符合下列四種類型的話，就有問題。

「怒火猛烈」、「具持續性」、「頻率很高」、「具攻擊性」。

如果和下列項目符合，就表示你的怒火很強。

・即使對方道了歉，怒火都沒能平息。

・一旦發怒，就必須等到氣發完才會罷休。

・火氣大到連自己都覺得誇張。

雖然有個別差異，但有的人生氣時為了表示自己正在氣頭上，就會不小心把怒火發過頭了。

憤怒是非常廣泛的情緒，不能只分為「生氣」、「不生氣」兩種。

如果你的火氣屬於比較強烈的，**那麼每逢生氣時，就評測一下憤怒指數吧**。將人生中氣得最厲害的時刻設為10分，情緒最平靜的時刻設為0分，像心煩就算1分，接著按照程度，一個一個打分數。

持續做紀錄的同時，就可以清楚的了解到自己在日常生活中，用了多大的火氣去生氣。

這就像氣象預報的氣溫，單憑冷熱是不會知道要怎麼選衣服的。但如果有明確的數字，例如20度、32度，就會知道該穿什麼了。藉著標出憤怒指數，就能比較客觀地知道自己的火氣有多大，漸漸地就不會氣過頭了。

應對訣竅

每逢生氣時，先掂量憤怒指數。

36 如果一想起往事，一股懊惱便湧上來

怒氣是具有持續性的。所謂的持續性，就是「想起來就氣」，對舊事耿耿於懷。

抓著怒氣不放的人，常常一思考到過去和未來就會生氣。想起過去發生的舊事，覺得懊惱；思考未來時，若「下次遇到對方，我一定要這樣回！」一心想著要報復。

要和憤怒好好相處，上策就是別再去想那些不必要的過去，以及假想的

未來。

我們會胡思亂想，大多是在無意識下還可以多做什麼的情況。無意識下也能進行的事，就是能夠邊做邊想的，比如用餐、刷牙、穿衣、拿杯子、在手機上打簡訊、從錢包裡拿錢……。

這些事你在無意識之下都做得到。就因為無意識也做得到，你的腦袋就有閒暇去亂想多餘的事，才會常常想起那些令人不快的事。

既然想起來就會生氣，那就來練習「不去胡思亂想心煩事」的方法吧！推薦你一個怒氣管理的方法——「一天花5分鐘，用非慣用手過生活。」

要使用非慣用手做事的話，就必須集中精神在手上，否則什麼事都做不成，因此不會再有心思去想多餘的事。

將簡單易做的事情複雜化，就可以消除胡思亂想的空閒。這樣一來，就能減少為不必要的過去及未來心煩的頻率了。

應對訣竅

試試一天花5分鐘，用非慣用手生活，以消除煩躁。

37

最近每天都煩躁到不行

有沒有人的煩躁是周期性的?就是煩躁、不煩躁定期交互輪替。

這和之前提過的「心裡的杯子」有關。我們每天都會在杯子裡倒入初級情緒,然後當杯子裝滿後,怒氣便會藉由某些契機潑灑出來。

持續不斷的煩躁,是因為心裡的杯子一直處在滿滿的狀態。平時的睡眠與休息雖然可以倒掉一些情緒,可是當情緒累積太多時,就連睡眠都沒辦法幫忙消滅了。大家或許有過一早起床不知道為何就特別煩躁的經驗吧,那正是因為前一天的情緒還積在杯子裡的關係。

既然如此,**就有必要把積在杯裡的情緒倒掉。想倒掉杯子裡的情緒,就要準備許多轉換心情的選擇。**

假設你計畫週末去運動以發洩情緒，卻剛好遇上天候不佳，這時如果你只考慮戶外運動，那就沒辦法轉換心情了。因此，準備數個、何時何地都能進行的選項清單是很重要的，比如要花一整天做的、三小時內能做的、通勤時能做的、在辦公室裡能做的……

轉換心情的清單上，適合列些能使你放鬆的活動。比如，散步、伸展操、瑜珈、看書、泡澡等，選擇輕鬆、簡單又喜歡的做吧。

反之，也有不適合列入你清單的選項。最具代表性的就是酒。想消除煩躁，絕對不適合喝酒，因為喝酒的量會隨著煩躁程度而增加。

應對訣竅

準備許多能助你轉換心情的選擇清單，以倒掉杯子裡的情緒。

38 即使生氣也憋著說不出口

把憤怒情緒憋在身體裡，想發卻發不太出來的人，出乎意外的多。

我透過研討會和培訓的場合，深深體會到有很多人都不知道該如何生氣。所以企業培訓時，很需要進行有技巧的責備和生氣的訓練。

會發怒的人比較引人注目，因此看起來似乎數量很多，但其實不敢生氣或不知如何生氣的人數佔比也非常多。

不敢生氣的人多半是溫柔的人，不希望怒氣傷到別人，所以就憋在自己心裡。但他們不知道的是，怒氣憋在心裡等於是自己在攻擊自己。

情緒控制欠佳的人，其怒氣的攻擊對象可分為下列三方面：

1. 對他人——責怪、攻擊別人。
2. 對自己——憋在自己的心裡，自責。
3. 對物品——破壞物品。

當情緒攻擊對上他人時——破壞人際關係，傷害別人，惹人討厭，甚至受周遭的人厭惡。

當情緒攻擊對上自己時——自責、後悔為什麼要為了小事發脾氣，受罪惡感苛責。持續將怒氣往自己的身上發洩，最後身心都會生病。在不斷的自責下，甚至會逐漸升級成憂鬱症之類疾病的病因。

當情緒攻擊對上物品——對物品生氣或破壞物品。而且一旦開始破壞東西，養成習慣後，就會破壞更大、更顯眼的物品，或是只要心裡有點不愉快，也會搞破壞。

人總會無意識地尋找洩憤的管道，因為人們深信找不到出氣筒，就無法宣洩怒氣。

其實當你學會怒氣管理後，即使不找出氣筒，你也能和怒氣和平共處。這樣一來，就不會因為憤怒而導致失敗了。

只要你有在工作、生活，必然會遇到需要表達怒意的情況。而怒氣管理就是有必要生氣時才生氣，沒必要時不生氣也無妨。

單單不生氣並不等於做到怒氣管理。你當然可以生氣，但仍要注意自己之後會不會後悔。

應對訣竅

生氣時要遵守三個條件——不傷害人、不傷害自己、不破壞東西。

39

氣自己幹嘛為小事煩躁

生氣很累人對吧？因為生氣會消耗能量，所以一天生好幾次氣、火氣一直很大的話，真的很累人。不管是誰，應該都會希望自己盡可能不要生氣。

不少人會自責「我度量真小啊」或「為什麼要為了這點小事就發火呢」，因自己會為小事而心煩氣躁吧。

我們從小就被教導「生氣不好」、「不可以當眾生氣」。但幾乎沒人答得出為什麼生氣不好？為什麼不可以當眾生氣？即使有做出回答，絕大多數都是不對的。

其實，這些有關壓抑憤怒的教育，正是讓我們長大成人後還遭受怒氣折磨的根本原因。

我們因為覺得生氣不好，於是就把怒氣積在身體裡，還有，不許自己生氣，以至於對生氣這件事產生了罪惡感。然而根據美國的某個研究指出，生氣後有罪惡感的人會更容易生氣。

這邊我們再用心裡的杯子來做說明。因為罪惡感是初級情緒，當生氣後產生罪惡感，屬於初級情緒的罪惡感就會被注入杯中，結果導致杯子始終裝得滿滿的惡性循環。

「憤怒」這個情緒是人類天生的一種情緒反應，無關善惡，因此生氣絕對不是壞事。在這裡要再三重申，你是可以生氣的！

但是你必須考慮的只是，該如何跟憤怒這個情緒好好相處，還有該怎麼做才能適當地表現出怒氣，讓其他人知道。

如果能好好掌握憤怒情緒，它會成為推動你前進的巨大能量，或成為督

促你前進的契機。

很多人都有過因為懊悔而努力，以憤怒為契機去努力的經驗吧。人在一生中都會遇到好幾次靠憤怒才得以成功的經驗。

人有喜怒哀樂，任何一種情緒沒有表達好，都會出問題的。好好跟情緒相處並善加運用，它們就會成為增添你人生滋味的香料。

很難想像一個人的人生中沒有喜怒哀樂的存在，有憤怒情緒是很正常的，接受它、欣賞它，並享受憤怒的滋味吧！

應對訣竅

生氣不是壞事，要把它當作推動自己前進的能量。

40 別人的酸言酸語一直在腦海裡圍繞

前面也提到過，每當我們想起沒必要想或思考的煩心事時，往往就是在做無意識之下也能做的事情時。因為無需特別意識就能做，於是腦中就出現能夠胡思亂想的空閒。

其中最能無意識去做的事，便是「走路」。因為我們平時都不會特別意識到自己正在走路。

應該沒有人會在走路時，「先跨出右腳踩地，接下來換左腳離開地面……」這樣邊想邊走的吧。

通常都是走著走著就：「接下來要去哪裡……啊，昨天的郵件我回了沒啊……今晚要去哪喝一杯呀……糟糕，忘記打電話了……」，這樣邊走邊想著各式各樣的事。

所以，這邊要推薦你一個走路時不亂想、生氣的方法——「行禪（**Walking Meditation**）」。

方法很簡單。走路時要將意識集中在腳底，只注意腳底如何接觸地面、如何離開地面、其他腳趾如何彎曲伸展。

一開始你可能會很難專注在腳底，因為怎樣都會思緒亂飄、想起別的事，其實不需要硬把那些雜念壓下或設法忘記。

行禪在家也能做。要在家做的話，就用原地踏步的方式吧。和在外面時一樣，將意識灌注在腳底，然後原地踏步。

若將意識灌注於腳底的話，就可以縮減胡思亂想的餘暇，減少因為別人的幾句話心煩氣躁的頻率。

應對訣竅

練習「行禪」。

41

怕被人討厭，於是不敢宣洩怒氣

生活中需要開罵的情況，其實多不勝數。不過，有很多人都認為「罵人會被人討厭」，其實這和當事人以往曾受過的責罵方式有很大的關係。

覺得罵人會被人討厭，通常是因為自己有過不愉快的經驗，才認定這樣做會被人討厭。而有比較好的責備經驗的人，就能深深體會到好的責備能讓自己成長，自己要責罵別人時，也會罵得比較有技巧。

「罵人會不會被討厭？」的不安感，其實是源自於對「罵人」這件事的誤會。罵人的目的並不是要使對方屈服、苛責對方，或增加對方的罪惡感。

罵人的目的，只是要讓對方知道「原來如此，今後這樣做就好了」。

罵人的目的就只有這樣而已，你完全不需要考慮什麼「必須強硬地罵到底」或「要讓對方為犯的錯感到後悔」之類的事。之所以用責罵的，只是要讓對方了解下次該怎麼做而已。

因為你認定責罵是在苛責對方，才會因而感到痛苦。其實，責罵並不是在苛責對方，而是希望對方了解「下次這樣做就行了」。只要這樣想的話，你就不用再為罵人擔不必要的心了。

應對訣竅

罵人的目的，是要讓對方對你說出：「謝謝指教，我知道下次應該怎麼做了！」

42

想要責備人，卻不知道怎麼開口

日本某縣的教育委員會曾做過一份問卷，調查「教師體罰學生的原因是什麼」，結果如下：

第一名「一時衝動」。

第二名「無法用言語表達」。

教師使用體罰的理由，第一名竟是控制不住憤怒的情緒，才導致體罰的產生。第二名則是無法用言語好好表達出自己的憤怒，於是就不小心動手了。

說實話，這個調查結果很令人驚訝，沒想到基於「不知該用什麼詞語表達才好」而動手的人，竟然如此多！

要表達出自己的憤怒，就需要使用語言。如果你沒有足夠的詞彙來表達你在生氣，便無法確實傳達給別人了。

而時下的年輕人所知的**詞彙都很貧乏**，舉例來說，用一句「真誇張」就打發了一切：「天哪！那人真誇張耶！」

結果卻讓人搞不懂你想要表達的，究竟是帥得誇張？還是醜得誇張？

詞彙過於貧乏，導致表達出的內容總是一個樣，都很含糊、草率。什麼都用含糊的方式表達，導致自己真正感受的程度深淺也跟著曖昧不清了。

還有，常有人說現在的孩子很容易發脾氣，其實原因也是出在於詞彙不夠用。

說得極端點，如果小孩子在生氣方面，就只認識到「還好」、「生氣」、「發脾氣」這三種表達方式。因此當這個孩子想要表達更強烈的生氣程度時，便會立刻選擇「發脾氣」。選了「發脾氣」的方式，自然就會採取「發脾氣」的行動。

如果你想罵卻罵不出來，想生氣卻無適當的詞彙可用，就表示你所擁有的憤怒相關詞彙實在太少了！

憤怒是一種範圍很廣泛的情緒。如果你只有三種表達方式，那你就只能將這麼廣泛的情緒分成三種了。而有五種方式就能分成五個等級，有十種方式就能分成十個等級，這會讓你更加正確地理解自己的憤怒。

所以，平時就要努力增加自己知道的憤怒詞彙，下一頁提供一些生氣的同義詞範例供各位讀者參考。

應對訣竅

增加與憤怒相關的詞彙，便能細分出憤怒的等級。

生氣的同義詞範例

不開心　心情不佳　心情差　嘛嘴　繃起臉　悶悶不樂　鬧脾氣

鬧彆扭　嫉妒　不愉快　不高興　反抗　猜疑　怒形於色

慍怒　不悅　怒氣上衝　煩悶　厭煩　惱火　憤恨不平

無言以對　火大　發怒　理智斷線　惹毛　氣憤　憤恨　氣鼓鼓

變臉發怒　沉下臉　動怒　激怒　激動　動氣　發脾氣　含怒

橫眉怒目　豎眉瞪眼　惱怒　觸怒神經　搥胸頓足　咬牙切齒

忍無可忍　嘮叨碎嘴　語氣很衝　破口大罵　尖聲斥責

怒罵　怒目而視　怒氣沖沖　氣得頭上冒煙
氣得爆青筋　怒火湧上心頭　憤慨　震怒　令人不快　觸怒
怒髮衝冠　激動　狂暴　勃然大怒　殺氣騰騰　怒氣飆漲
面有慍色　強烈頂撞　憤而站起　氣得滿臉通紅　怒聲大喊
發狠　聲音飽含怒氣　怒吼　大發雷霆　氣到爆血管
暴跳如雷　怒火狂燒　修羅之怒　火冒三丈　大動肝火
超出忍耐極限　怒不可遏　氣得發抖

43 不管說多少次，對方都聽不懂，覺得說了也沒用

你是否碰過不論說多少次，對方都聽不懂，覺得「再說什麼都沒用了」的情況？

這麼下去，不但工作沒進展，你的心也因此焦慮，不知該如何是好。

「不論說幾次，對方都不懂」這件事，存在著兩種可能性：

1. 聽者的理解力不足。

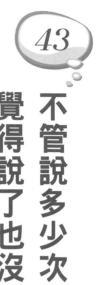

2.說者沒將意思傳達到。

那麼，你覺得哪一邊比較容易改變呢？

或者，我們將「容易改變」換個說法好了——你覺得哪一邊比較「好控制」呢？

身為精神科醫師，同時也是心理學家的艾瑞克·伯恩博士有句名言：「我們無法改變過去與別人，但可以從現在開始改變未來與自己」。

想要改變、提高聽者的理解能力，是一件難度很高的事。正因為難度太高，難以改變，你才會焦躁發怒。

不過，要改變自己卻很容易，困難度相對要低許多。只是我們都不想改變自己，只想改變別人，導致自己因為選了難度高的一方而心煩。

想讓自己的心情好一些，就選那個比較容易做到的吧，也就是從改變自己開始。

要注意的是，關鍵不在於氣對方「為什麼你就是不懂？！」而是要想辦法讓對方了解，才不會使自己生氣、心煩。

應對訣竅

反省自己的表達方式，該怎麼做才能確實傳達給對方，讓對方了解。

44 忙碌和壓力老使人鬱悶、消沉

人越疲累，越難控制情緒。當人疲累時，會覺得很多事都比平時更令人厭煩。忙碌和疲累的時候容易產生負面情緒。如果情緒負面、消極，人就會消沉、鬱悶。

而且，負面情緒會產生連鎖反應。痛苦、後悔、死心、孤獨感、不安、自我厭惡、辛苦、嫉妒、無力感、焦躁、寂寞、憂鬱……一個接著一個地帶出新的負面情緒，結果使人更加鬱悶。

當你困在負面情緒之中時，即使拚了命想去消滅負面情緒，實際做起來卻很難。我建議與其想著消除負面情緒，不如把心思放在正面思考上，想想該怎麼增強正面情緒。

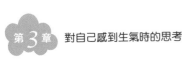

所以，你要選擇正面的詞彙，比如：爽快、愉悅、安心、明朗、開心、欣喜、輕鬆、悠閒、充實、高興、成就感、解放……然後具體想像之後的行動。

比如說：

○ 去A餐廳吃喜歡的套餐。（具體）

× 去吃好吃的。（籠統）

要增加正面情緒，關鍵就在於具體思考出能做得到的事情。因為人無法想像出詳細畫面的話，就不會去實踐。

所以我們平時就要注意保持正面情緒。

應對訣竅

具體想像出能讓自己情緒變得正面的事。

45 嫉妒同事或部屬的成功

你是不是無法誠心地為同事或部屬的成功而感到喜悅？老實說，心裡嫉妒得要死，同時又嫌惡自己的度量太小。

一說起憤怒與生氣，也許你只會想到負面情緒。憤怒的確會破壞人際關係、毀掉人生，是一種擅長破壞的情緒。但大家都忘了，換個角度想的話，憤怒也可以是一種具有建設性的情緒。

善用憤怒，就可以成為推動自己的能量，也能成為達成某種目標的契機。比如，有時候運動員輸了比賽，會說：「這次輸得很不甘心，下次我要再接再厲！」這就是將怒氣化成能量，以待下次比賽的到來。

以輸掉比賽的懊悔作為動力，這樣在下次比賽時加倍努力，為了不要再次抱憾而付出汗水，就是將怒氣化作正面能量運用的好例子。

我的案主中也有職業運動員，他們也常在比賽中焦躁不已。我給的建議是，比賽中有點心急無妨，但要注意的是急躁過頭可會影響到自身表現。

比起完全放鬆的狀態，人在適當壓力之下更能發揮實力。

既然你嫉妒同事或部屬，就老實接受自己嫉妒別人的事實，將嫉妒的情緒化為自己努力的基石吧。

應對訣竅

坦然面對自己的妒意，並將嫉妒化為契機。

46 不擅與人交流，自己連第一步都跨不出去

你是否厭惡自己不擅與人交流，自己連第一步都跨不出去？比如，有的人在公司建立不好人際關係，和男/女朋友也不太順利。有這樣煩惱的人到底該怎麼辦才好呢？

對自己缺乏自信的人，平時就經常會對自己使用「自我否定」的詞語，例如：我應該做不到、不可能順利……

相反的，對自己有自信的人則會使用「自我肯定」的詞語。自我肯定的詞語有：我做得到、一定會順利的、這樣下去沒問題、總會有辦法的……

平時就開始使用這些自我肯定的詞語吧！不過，要使用這些詞語之前，

必須先做練習。

即使是大部分時候都對自己沒自信的人，也總會有對自己感到自信的時刻吧。再怎麼沒自信的人，也還是可以在做自己擅長的事或事情很順利時，自然地肯定自己的。如果無論如何都找不出那樣的時刻，也可以回想過去有什麼短暫的成功經驗。

要在平時使用自我肯定的句子，就要先想想自己是在什麼樣的情境下，瞬間有了自信的。然後，設法增加能讓自己產生自信或讓自己發揮所長的機會，這樣你就能從平時開始使用自我肯定的詞句，來一點一點地累積自己的自信。

應對訣竅

平時就開始使用自我肯定的詞語。

47

對於意志力薄弱的自己感到煩躁

你是否意志薄弱，有東西想戒卻又一直戒不掉，於是心生不耐？比如抽菸或賭博，已經挑戰過好幾次，卻還是完全戒不掉。

人基本上是討厭改變的。好壞姑且放一邊，人對改變現況都有著強烈的抗拒，因此要戒掉積習很難，而要力行新習慣也同樣困難。例如，戒菸難，但要養成每天健走的習慣也很難。

如果你現在想要戒掉什麼壞習慣或培養新的習慣，首要工作就是「訂出馬上就可以做到的小目標」。

假設你想戒菸，如果要求自己從明天開始一根都不准抽，心理上的抵抗就會非常強大，並且很有壓力。而人一感到壓力，自然就容易煩躁。

如果想戒菸，可以先回顧每天的生活環節，從中找出不吸菸也無妨的時間段，然後將目標設為「逐漸延長可以不吸菸的時間」，這樣壓力會比較小，也比較容易配合。

如果想養成健走的習慣，第一天不需要一口氣走到兩小時，只要走十五分鐘或三十分鐘都可以。總之，先訂出一個不會給心理增添負擔的時間和距離，再開始進行比較好。

再重申一次，人是討厭改變的。當目標定得太高，心理更是抗拒。在做得到的範圍內，一點一點地做出改變，就是戒掉積習、培養新習慣的訣竅。

應對訣竅

先訂出現在就能做得到的小目標，然後馬上試試看。

48 怕罵人會使人際關係變差，於是罵不出口

「我也有需要斥責別人的時候，可是罵人好像會讓人際關係變差，所以當下挺猶豫的。該怎麼做比較好呢？」

在研討會上，我經常被問到這樣的問題。

誠如前面所提過的，會害怕罵人後導致人際關係惡化，是因為看過別人的人際關係因此毀滅，或者因自己以往的被罵經驗曾留下了壞印象所致。

如果你曾有挨上司罵，因此對上司抱持著不信任感的經驗，也就難怪你會覺得罵人是壞事。

按一般情況來說，我們很少有好的挨罵經驗，所以也就難免會認為罵人會破壞人際關係了。

但避免誤會，要先聲明一下，罵人不是壞事，也不會造成人際關係惡化。假如你能在適當的時機做出適當的指正，對方只會心存感激：「謝謝你提醒了我！」

在我剛出社會不久時，因為沒受過商務禮儀教育，所以連怎樣遞名片都不懂。有個熟人看不下去，就針對商務禮儀的問題罵了我一頓。

當時我只是單純地想：「哎呀，原來我出錯了啊。有人能告訴我錯在哪裡，真是太好了！」

人在罵人時，通常有四種表達溝通的方式：

1. 攻擊性的責罵
2. 沉默

3. 譏諷批評
4. 辯到雙方達成共識

用專業一點的說法，可以將上述四項稱為：

1. 強勢溝通（Aggressive Communication）
2. 被動性溝通（Passive Communication）
3. 消極反抗型溝通（Passive aggressive Communication）
4. 和諧溝通（Assertive Communication）

強勢溝通（Aggressive Communication）指的是：

強勢並具有攻擊性的溝通方式。如：斥責對方、咄咄逼人等，讓人感覺很霸道的方式。

被動性溝通（Passive Communication）指的是：

自己不太表態，不堅持自己的主張。

消極反抗型溝通（Passive aggressive Communication）指的是：

表面上平靜，但內心卻陽奉陰違、非常頑強地反對、堅持。比如被罵時，表面上靜靜地聽著，實際上內心卻在扮鬼臉、吐舌頭。

最理想的，當然就屬第四種的和諧溝通（Assertive Communication）。

和諧溝通有諸多定義，簡單來說，它就是一種「想達到對方贊同，自己也贊同的雙贏局面」的溝通。

和諧溝通的技巧中，最具代表性並為人所知的就是「我－訊息（I-massages）」。

「我—訊息（I-massages）」用「我」開頭當主詞來表達。這個方法可以避免人身攻擊，並讓對方知道你的訴求。

舉例來說，當你拜託對方一件工作，對方卻遲遲不做時，運用「我—訊息（I-massages）」和「你—訊息（you-messages）」來表達的話分別是：

「我」很高興由你來做這件工作。

「你」都不做事，很麻煩欸。

所以，使用不會怪罪對方，又能將自己的訴求表達給對方的「我—訊息」吧！

應對訣竅

使用以「我」開頭當主詞來表達的「我—訊息（I-massages）」。

第4章

對環境感到氣憤時的思考術

49

世上怎麼有這麼多不公不義！

從小開始，大人都教我們要活得清廉、正直。不過等出了社會後，就會發現現實社會中大家未必都照著這樣的路走，心裡因此感到困惑。

個性越是老實認真的人，越會忠實地遵行小時候受到的教育。但學校不會教你處事之道，真要說的話，學校所教的只是接近現實社會的理想論。

正義感強雖然好，但過度的正義感經常會折磨你自己，而且豈止是折磨，身為正義夥伴的你甚至彷彿才是壞蛋。

正義感過度的人就和電視裡的超級英雄一樣。超級英雄以正義為名，不斷擊退壞蛋。不過，超級英雄不用負擔法律責任，所以經常是在違反法規的情況下擊退壞蛋的。

但你不是超級英雄，我們的國家是法治國家，是藉由法律來審判世上的不公不義及罪惡的。**請切記，你沒有審判他人的權力。**

有句話說：「水至清則無魚」。嚴以律己是好事，但眼裡容不下一粒沙子似的過分挑剔他人，最後眾人都將避你唯恐不及。

現實社會中真的有著形形色色的價值觀，價值觀和你完全相反的人非常多。只要清楚地認知到，世界是由各色各樣的人所組成的，便能削減你的煩躁感了。

接納多元化的價值觀吧！

應對訣竅

接納多元化的價值觀，保持能容納一切的寬闊胸襟。

50 很急的時候偏偏碰到塞車

一洗車就下雨、越貴的東西壞得越快——這就是為人所知的「莫非定律」。還有，很趕的時候偏偏塞車或遇到紅燈、捷運偏偏誤點等，真的是令人焦躁。

「幾時不塞，幹嘛偏偏選在這時候塞啊！」

「這裡明明平時不會塞車的啊……」

「為什麼啊？」的想法和「拜託塞車快點解決啦！」的祈求，可能同時在你心裡交錯。

其實，**塞車時有件事最不應該做**，卻又總是不自覺地做了，那就是「祈禱」，你不該在塞車時祈禱。

因為不管你再怎麼向上天祈禱，塞車都不會立刻解決。別說塞車不會解決，你越祈禱，心裡就越急，情緒就會越焦躁。

在塞車時，你需要做的是接受正在塞車的事實，然後找出目前能做的事。比如，打個電話向目的地報備、聽一下輕鬆的音樂、視作靜心思考的好時機等，其實能做的事很多。

我們都有做得到和做不到的事，能否接納它們，將和你的情緒控制有關。

應對訣竅

不為自己改變不了的事而祈禱。

51 尖峰通勤時間還硬堵在車門處的人很煩

你覺得「在捷運擁擠時，站車門附近的人理應先走出去，禮讓別人下車之後再進來」。

姑且不論這樣的觀念是常識或者只是你的個人看法，至少這麼做，對於要上下車的乘客來說都比較好吧。

但為什麼那個人硬是不離開車門旁邊呢？這箇中原由就只有他自己明白了。也許他是想保住那個位置，也許只是他人不夠機靈，又或者是他身體不適，需要待在車門附近才安心，甚至有可能是基於他「自己的原則」，非得待在門邊不可。

不論是哪一種，那個人都有他自己的理由在。即便對方的所作所為，你完全無法理解，也超出了一般社會大眾的常識，你都必須了解世界上就是有這樣的人存在。你可以不用理解別人的價值觀，只需要意識到那人與自己不同就行了。

每個人都有屬於自己的原則。比如，只用最裡面的那間廁所、不抓吊環、遇到手扶梯或電動走道一定用走的、搭飛機或者高鐵也一定要坐在走道旁邊……

先不論這樣做是否會給別人添麻煩，但當事人若不這麼做，便會覺得渾身不對勁，這不是他人可以決定對錯的東西。

對你來說，「你的原則」很重要，但對別人來說，「人家自己的原則」同樣也很重要。

應對訣竅

你有自己的原則，別人也有別人的原則。

52 看不下去年輕人坐在博愛座上打盹

情緒急躁、生氣都不是壞事，但對於「煩躁時該怎麼做？」就得仔細思考了，你必須慎重地採取行動。

煩躁時如何思考及行動，將決定你會不會因此更加心煩氣躁。

建議你在煩躁時，可以參照下列方式，將事情分成四種類型：

■「心煩氣躁時，該如何行動」的分類整理

●自己能改變／重要	●自己能改變／不重要
●自己無法改變／重要	●自己無法改變／不重要

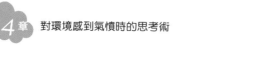

在我們情緒煩躁時，往往不知該怎麼處理並行動，反而煩上加煩。所以，我們先來依序介紹如何整理煩躁的情緒。

現在先從「自己能改變」、「自己無法改變」、「對自己來說重要」、「對自己來說不重要」四點，來區分讓你心煩的事情。

分好類之後，就可以依四種不同的類型，來決定事情的輕重緩急。

- 自己能改變／重要：必須立刻著手進行。
- 自己能改變／不重要：有餘力再處理就可以了。
- 自己無法改變／重要：接受不能改變的事實，另尋其他方案。
- 自己無法改變／不重要：可以放著不管。

如果自己能改變，而且對自己很重要，那就是必須馬上著手進行的任務。

如果自己能改變，但沒那麼重要，那就等有餘力時再來處理。

如果自己無法改變，卻又很重要，你就必須接受它不能改變的事實，並且找出目前可行的選擇方案。

如果自己無法改變，而且也不重要的話，那就放著不管吧。久而久之，你就不會在意了。

假使不知道這些心煩事該放在哪一個分類，進行分類之前，你可以先問自己一個問題：

「哪個選項長期下來會對你和周圍的人都好？」

要選擇哪一個都是你的自由，不過既然要選，自然就選能讓自己心情舒服的那個。

回到開頭的主題，你看到有個年輕人在捷運的博愛座上打盹，心裡感到很煩，那麼你覺得這種焦躁的情緒符合放入四個類別中的哪一項呢？

你是否能夠改變那個年輕人？還有，對你來說，這件事必要時不惜一戰，還是退一步也無妨呢？

要選擇怎麼思考是因人而異的，但你不會再為了自己不明的怒氣而心浮氣躁了。想一想並且做好整理後，自然能找出適合自己的行動方案。

應對訣竅

試著區分出對自己而言，什麼才是「重要的」、「能改變的」。

53 不說清楚希望如何處理的客訴實在很番

不論接到哪種投訴，都不是令人愉快的事。其中最麻煩的就是，連投訴人自己都不清楚想要怎麼處理的投訴。因為當事人自己根本不知道要從哪裡找出妥協點，只會自說自話而已。

這時可以把提出投訴的人，分成下列三種類型：

・觀望型：只是想投訴看看。某種意義上來說，並沒有認真要解決問題的意思。

・他責型：覺得一切錯都不在自己，以困擾對方為樂。

・**自我改革型**：雙方都在認真尋找讓步的妥協點，並且準備要在某些地方讓步。

分類後，你就可以從中判斷出需要盡多少心、費多少力。另外，滿多人都誤會了，這裡面最費力的其實是自我改革型。觀望型和他責型反而沒那麼費力。因為當事人自己不知道該要求什麼，所以處理這類型的投訴，大多聽一聽抱怨、聽完感謝對方投訴，當事人也就能釋懷了。

只要了解你所面對的人是哪個類型、怎麼做最好，就能減少怒氣了吧。

應對訣竅

將投訴分成觀望型、他責型、自我改革型三類來思考。

54 對手腳慢的店員不耐煩

人滿為患的餐廳卻沒半個店員過來點餐。

要結帳的顧客已經排成人龍，卻不開放其他收銀台。

身為店員，竟然找不到顧客詢問的商品……

大家都有遇過餐飲店的店員手腳太慢而令人感到不耐的經驗吧。這時候去**催促店員或發牢騷，反而容易造成反效果**。

手腳太慢的店員可能是不熟悉工作的新人，也可能是情況超出能力範圍、處理不完的正職員工，通常會發生這種情況，這時候店員幾乎是被逼到走投無路的地步了。

而在這種情況下，倘若顧客開始催促，就會引發店員驚慌失措，連平時做得好的事也頻頻出錯，導致處理速度更慢。

你或許也有類似經驗，人越焦急慌張，處理事務的能力便越差。而你越著急求快，只會逼得店員越是手忙腳亂。

所以，麻煩你這種時候先看看時機吧。畢竟不論對方多忙，總會有稍微喘口氣的時間。請先斟酌一下時機，再拜託店員。

也許你會對於需要抓準時機再拜託人而感到不滿，不過你應該也希望店員維持原本應有的服務水準的。

既然希望得到完美的服務品質，就多一些包容吧。

應對訣竅

請理解人被逼得越急，效率只會越差。

55 覺得邊走邊抽菸、邊滑手機的人很沒品

若你看到有人邊走邊抽菸、邊滑手機，就感覺到煩躁，那是因為你把自己的水準降到和對方一樣的水平上。

舉例來說，同樣是禮貌問題，如果換成是很小的小孩邊走邊用父母的手機，也許你會想：「哇，現在的小孩這麼小就會用手機啦！」。

這是因為你站在比那個孩子更高的位階，所以可以寬大以待。

然而，當角色換成是大人時，一切又不同了。當周遭的大人做出一樣的事情，你卻會自動跟那種人降到相同的水平，心想：「為什麼要這麼沒品

啊！」並且馬上暗自發起火來。

你會為了一些被認為低等、下流、羞恥的事情而感到不順眼，是因為你**自己心中也想過類似等級的事。**

也就是說，你看沒禮貌的人不順眼，是因為自己心中也有不禮貌的地方，當這些讓人厭惡的共通點顯露在眼前時，就會讓你很不愉快。

有的人看到別人邊走邊抽菸、邊滑手機，卻沒有什麼特別反應，也許是因為他並不覺得這麼做有錯，或是因為他自己是個完全不會這麼做的人，自己不做也就不在意了。

當你看到沒禮貌的人而心生不耐時，可以試著對自己說：「我不會把自己的水準降到跟他一樣低」。這樣一來，你就不會為了自己好像降到相同水準而心煩，而是能夠從更高的角度俯視他們了。

努力用寬大的心胸思考，創造出一個「不會有人做這種事」的社會吧！

應對訣竅

要心平氣和，不要跟沒水準的人一般見識。

56

覺得沒事跑來串門子的業務很煩

有時候正忙時，卻突然會有業務員來拜訪。連約都沒先約，就冷不防地出現。想說既然來了就見個面，但對方一開口只會聊八卦。或者突然打電話來銷售……

不考慮別人時間和方便與否的業務員，真的很惹人厭煩。即使你的態度明顯表現出不耐煩，但業務員可能早就習慣別人的冷眼相待了吧，那副無所謂的樣子更使人惱火。

其實，這一類的業務員多半不擅長業務技巧，常隨口就將自己的想法連珠炮似地說了出來。而你因為受到影響，語速也跟著對方加快，情緒漸漸就變得激動起來。

這種時候，製造出讓對方難以交談的氛圍，也是一種方法。

人對於和自己相似的事物，總是特別有親近感。「傾聽的技巧」就是利用傾聽別人說話的手法，配合對方的步調，做出與對方相近的動作。

因此，如果逆向操作，不去配合對方的步調，對方便不易對你產生親近感，進而對你感到難以溝通或交談。

如果對方說話的速度很快，那你就盡可能慢慢地說；如果對方說話時，肢體動作很誇張，那你就試著平靜無波地聽他說。

只要步調相差越大，對方就越會覺得你難以溝通。

應對訣竅

製造出讓對方難以溝通和交談的氛圍，故意不配合對方的步調。

第5章

不生氣的日常生活練習

57 不要把錯歸咎到別人身上

能夠好好控制自己情緒的人，都知道自己的情緒由自己決定，知道如何由自己掌控喜怒哀樂。相信這一路看下來，本書的讀者應該也都了解了。

我們被自己深信不疑的「應該」背叛時會生氣。但這既非任何人的錯，也不是事物本身的錯。生氣時把錯誤歸罪到人事物之上，只是因為自己控制不了憤怒情緒而直接爆發。

此外，這就跟說自己的情緒受人或事物左右一樣。你想讓自己的情緒受人控制嗎？或者受任何事左右嗎？

沒人會想要這樣吧。如果情緒能任由自己決定的話，就不會老是感到壓力，而能以愉快的心情工作、生活了。

即使有令你煩躁的事，也不要這樣想：

是因為那人的關係，我才心煩的。

是因為出了這種事，我才煩躁的。

請你試著不要像這樣，把原因推到自己以外的地方去。

你自己的「情緒」全都是你自己的責任。

當你開始這麼想，你就能解放你的情緒，自由過活。

58 明確知道有些事，是不能讓步的

你有什麼事是絕對不能讓步的嗎？

突然被問到這個問題時，能立刻想到答案的人並不多。為什麼呢？答案很簡單，因為平時根本沒想過絕對不能讓步的事是什麼，同時也沒想過有什麼可以退讓的。

而不生氣的人平時就經常在思考、釐清能不能退讓的事物了。

假設公司的後輩沒有過來跟你打招呼，你會怎麼想呢？覺得放過他好了，還是覺得不可饒恕呢？

如果你覺得這點小事就算了，沒必要為了一聲招呼去計較，那麼即使往後後輩都不來打招呼了，你也用不著生氣。

儘管你這麼想，但若之後後輩沒來招呼時，你仍舊心生不快，這就表示你其實耿耿於懷。

如果你沒在能不能退讓之間劃出界線，那麼當你再次遇到同樣情況時，就會隨著時日不同而發火。

其實，對很多人來說，能不能退讓的界線，全憑「心情」而定。心情好時，很多事都能讓；心情不好時，能讓的都不想讓了。

那麼要怎麼判斷是否該讓步呢？答案是用「後悔」來判斷。

如果某件事你退讓後，百分之百會感到後悔，那就是不該退讓的。反之，百分之百不會後悔的事就是可以退讓的。

重點就在於「百分之百」。

在後輩不打招呼的前提下，假設你曾稍微感覺無所謂、沒必要生氣的話，那就是可以退讓的，證明你覺得不生氣也可以。

而在自己心情大好時，後輩沒來打招呼，可你還是覺得不能寬容、應該生氣的話，那就是必須生氣的事情。

劃分清楚「可退讓」和「不可退讓」之間的界線，不受心情左右，便不用再為不必要的事煩躁了。

再說一次，關鍵字是「後悔」。當你猶豫著該不該退讓時，就以「之後是否會後悔」為基準來做判斷吧。

59 話不要只挑順耳的聽

當你遇到麻煩時，會去看書或問人尋求建議吧。那麼你尋求建議時，會找下面哪一種建議呢？

這是個小測驗，依照你選的建議，來判定你是否容易躁怒。

· 令人放心的建議。

· 有用的建議。

「令人放心的建議」的特徵是，聽到時會不自覺地鬆了一口氣，換言之，也可以說是「療癒型建議」吧。

至於「有用的建議」的特徵則是，聽到時會「唔……」地猶豫一下，心裡有點抗拒的。相較於療癒型建議，這種建議又可稱為「挑戰型建議」。

那麼你通常會選擇哪種建議呢？

我比較希望你能選挑戰型建議。療癒型建議有時挺不錯的，但並不推薦你太常選它。

因為追求療癒型建議的人，打從心底不願改變自己，只想從療癒型建議中尋求慰藉，認為「明明只要周圍的人改變，情緒就不會受影響，只要沒發生這種事，自己就不會情緒失控」。

不過，遺憾的是，即使你想法不變，別人也不會如你所願的改變，依然會有令你氣憤的事發生。只要你自己還沒提起勇氣改變自己，今後依然會為了同樣的事心煩發怒。

我覺得人基本上是不愛改變的，想要盡可能照現狀過下去，覺得保持現狀很舒適。

「不不不，我並沒有這樣。我根本沒滿足於現狀，甚至還有很多不滿。」

我彷彿能聽到有人這麼反駁，但只要你維持這個「不滿現狀、心生許多不滿」的狀態不變，就是活在舒適圈。

人害怕改變。即使那要往好的方向，也不保證真能往好的方向改變。

為了可以和憤怒情緒好好相處，你需要善於改變自己、變換環境。

當你要尋求建議時，盡量積極選擇聽了會讓你感到猶豫並仔細考慮的建議吧！

60 樂天思考，做最壞的打算

當出了錯或發生不好的事情時，

「哇，完蛋了！」

「好爛！」

你是否總是很自然而然地脫口說出這些話呢？

就算這時候嘴巴上說「完蛋了！」、「好爛！」，但是幾乎大部分的人想表達的意思其實都和字面上不同吧。

這裡其實只是表達可以預見會發生不好的事、或者當下令人心情有些不舒服的意思。

但是如果平時不自覺就將「完蛋、很爛」掛嘴上，當你哪天真的遇上出乎意料的慘劇，不就會陷入恐慌，什麼都做不了了嗎？

情緒穩定的人總是期待最好的結果，做最壞的準備。由於預先設想了可能發生的最糟情況，即便稍微出點差錯，也不會太在意。

而且一個人如果有著總是能在心中勾勒最好結果的樂觀精神，能夠對最好的成果抱持期待，就表示他對自己沒有過多的不安和懷疑。前面已經提過，不安和猜疑，都是初級情緒，而負面的初級情緒一多，人就容易憤怒。

擁有樂觀精神的人，會發自內心地期待交出最好的結果，並以此為目標而努力著。或者說，期待最好的結果並做好最壞準備的人，是**能夠在樂觀與現實之間取得平衡的人**。

61 說出想說的話

不少人會因為表達不出想說的話，而感到鬱悶。

不管是想說卻說不出口，還是沒法好好表達出來，都會造成壓力。

這種人大多都會擔心假如想說什麼就說什麼，難道不會傷了對方的心或破壞人際關係嗎？

若說話毫無顧忌地隨意亂說，的確會出問題。不過說出自己想說的話，並不一定會傷到對方的感情或使關係惡化。

一個能成功表達自己意見，又不亂發脾氣的人，都懂得兩個規則：

・不因對象、場所的不同，而講話反反覆覆。

・設身處地為對方著想。

會因對象、場所而反覆變更說詞的人，無法取得別人的信任。不僅會使人產生「反正你在別的地方又會換一套說法」的不信任感，甚至會令對方心情不愉快。

不論你有多想說話，對方也是有情緒和立場的，如果毫不顧忌隨意亂說，你就會被貼上任性妄為的標籤。

遵守表達意見的規則，並成功地將你想說的話表達出來吧。

62 減少持有物

如果說，從旅行時行李的多寡，就能夠了解到你有多麼容易煩躁，你會怎麼想呢？

你去旅行時，是輕裝行動的呢？還是帶上很多行李呢？

假如是行李多的，你就是容易生氣煩躁的類型。

其實，不生氣的人通常有個特徵，就是持有物少。而且不光是旅行，平時東西就很少了。

想想要去旅行時是如何打包行李的，是不是有這樣想過呢：

「以防萬一，帶著這個去好了……」

這個「萬一」就表示你憂心忡忡：

如果發生這種事的話，怎麼辦？

也許會出那種事……等等。

不安算是憤怒前感受到的初級情緒中，占比非常大的一個。當一個人感到越多的不安，就越增加輕易憤怒的機會。

現在這個時代理，幾乎沒有什麼東西是在旅行中無法取得的。到處都有商店，即使當下得到的不是最好的，但也會是足夠旅行途中使用的東西。

雖然你的腦袋很清楚這一點，但心中的不安越大，東西便越帶越多。所以，學習與不安之類的情緒好好相處，整理好腦袋裡的思緒，持有物自然就會變少了。

有條法則叫「不安的惡性循環」。

在日常生活中也有同樣的情況：越容易不安的人，家裡的東西越是多到要滿出來了。而隨著東西的增加，人就會在思緒和情緒整理不清的惡性循環中，越陷越深。

容易不安的人喜歡增加「以防萬一」的物品。

但持有物一增加，就很容易忘記自己已經擁有的物品而買到重複的，於是增加了不必要的東西。當東西變得越來越多後，更是不清楚自己到底擁有什麼了……

——就是這樣不斷重複的惡性循環。

你列得出自己持有物的數量嗎？我想大部分的人都列不出來自己擁有哪些東西。

不過，希望你能好好思考一下這個問題，因為整理持有物，就等同於整理自己的情緒和頭腦。

這裡有個方法推薦給你。

先從「錢包裡面」開始整理。裡面是否有不要的發票、平時沒用的集點卡、折扣券之類的東西呢？

從今天開始試試看，每天只將當天必要的東西放進包包裡，然後再出門。

也許大部分的人都忙到連這麼做的空閒時間都沒有。但即便是這樣，也請擠出能做整理的時間，當作練習不生氣的準備運動吧！

63 不要用give and take的角度去思考人際關係

常常有人說，人與人之間的關係是「give and take（施與受）」的關係，想要得到什麼，便要先付出什麼。這是非常普遍的想法，應該有不少人都這麼覺得吧。

更甚者，還有「give and give（奉獻）」的說法，強調人際關係重在不斷的給予，不求對方的回報。

世界上的成功贏家都曾異口同聲說：「先要有所付出」，可是即使知道這個想法很了不起，但真正有自信實踐的人並不多吧。

但其實，不為人際關係煩惱的人，既非「give and take」，也沒想要「give and give」。那麼他們是如何想的呢？

人際關係是「give（施）」。

就這樣而已，後面沒接 and 以後的任何東西。

當你把「give and take」和「give and give」當作應有的人際關係，便很容易鬱悶、焦躁。因為不管是這兩種中的哪一種，都是建立在「只要自己有所付出，對方就會給我回報」的前提上。

自己親切待人，對方應該也會回以親切態度。

自己付出善意，對方理應善意回應。

自己幫了人，對方當然也要幫自己。

對方必須如自己所想的一樣喜歡自己。

——諸如此類，很自然的要求對方要有所回報。

所以，當回報沒有預期的多時，「我都為你做了這麼多，為什麼沒有回報啊？」心中就會湧起一股憤怒。

「give and take」用在付錢接受服務，或在餐廳付錢用餐之類的經濟行為上，是理所當然的。不過，要將它套用在人際關係上，便會瞬間產生不協調，增加心煩氣躁的機率。

說穿了，人際關係並不是經濟活動，「以為付出就會有回報」這件事本身就是錯的。

但並不是說你不能期待對方的回報。

我不是說你不能期待對方的回報，可是若認為理所當然就該有回報的話，最後痛苦的只會是你自己。

如果你渴望對方回報，或許是因為你並非真心想做那件事。

如果是你自己喜歡、自己期望才做的話，就不會要求回報了吧。因為自己喜歡才做的，根本不會想要什麼回報。

話說回來，**會要求回報，不正是因為你覺得自己是「被逼的」嗎？**由於你不是自願的，所以內心深處的某個地方會想著：「沒有回報的話，我就做不下去了」。

如果你對人際關係要求回報，最好先檢查看看自己的內心是否真的覺得心甘情願。

不容易生氣的人，是把自己真心誠意的事自然地視為優先的人。

64 人有負面情緒是極其自然的事情

有個名詞叫正面思考（Positive Thinking）。簡單來說就是，不論何時都要樂觀地思考。

正面思考可用來消除負面思考以及否定性的想法。比如，因為工作失敗而情緒消沉時，別去想「啊……為什麼我做不到？是不是我沒有能力？」而是要想著「沒關係！失敗為成功之母！」

如果能一直保持正面思考，基本上就不容易生氣，和負面思考相比，確實比較好。

不過，如果只是一個勁的正面思考，有時候反而會讓你更不快樂。因為人的情緒有正面，當然也就有負面，這是極其自然的事。世上不存在只有正面情緒的人。

如果硬是只想保留正面情緒，由於這樣做是不自然的，內心便會有所抵抗而更難受。

努力地逼著自己只思考正面的事，內心深處卻覺得：「說再多，我還是不覺得這有什麼好樂觀的」，於是心裡的矛盾就會不斷苛責、折磨自己。

人有負面情緒是極其自然的事情，沒必要全面否定負面情緒。請接受並認同這類情緒的存在。

想要不生氣、不煩躁，最重要的不是消滅負面情緒、只保留正面情緒，而是**要增加正面思考的時間，減少負面思考的時間**。

人的一天有二十四小時，這一點人人平等。若將一個人的情緒分為負面和正面的話，一定有一方占據思考的時間比較長。

說得極端一點，一天中能有十二小時又一分鐘都在正面思考的人，就算得上夠正面了。

如果想要讓思考變得正面，不用拚命消滅負面情緒，只要增加一天中正面思考的時間就可以了。

增加正面思考時間的方法，其實出乎意料的簡單。

你在什麼時候，能保持正面情緒呢？

你在做什麼的時候，能保持正面情緒呢？

找出「在什麼時候」和「在做什麼的時候」，注意並努力增加這些時間的比例就可以了。

雖然這樣的行為必須一再重複，但只要正面情緒的時間一增加，負面情緒出現的時間自然就會減少了。

要接受負面情緒也是自己的情緒。不是要消滅負面情緒，而是要增加正面情緒，減少負面情緒的比例就是不煩躁的訣竅。

截至目前為止，這個觀念已經提過好幾次了——怒氣管理就是要減少負面情緒和出現的頻率，並不是要消滅它，畢竟著重在增加正面情緒和時間的方式，相對於前者來說，既簡單又比較可行。

65 不要刻意回想會讓你心煩的事

既然有「一想起來就笑」的事，當然也會有「一想起來就氣」的事。你是一想起往事來就生氣的人嗎？

如前文曾提到過的，「一想起來就氣」指的是回想起過去讓自己生氣的事，然後再度生氣。

一般來說，人們在想起多久以前的事，就不會感到生氣呢？是半天嗎？還是三天、一星期、一個月……，甚至是一年或幾年呢？

答案是，只要回想得起來就會氣！

我有一位女性案主，便對四十年前她第一次懷孕時，丈夫沒有照顧她的往事，就宛如昨天才剛發生似的大發雷霆。

電視中探討社會新聞的節目偶而也會出現，老邁夫妻為了年輕時的外遇而持刀砍傷對方的新聞。

人就是這樣，不論再過多久，都還是有辦法對舊事憤怒。

因為抱怨會使憤怒的強度增加。

一想起來就氣，就像是刻意將生氣的情景從過去勾扯出來，自己再替怒火澆上一些汽油的樣子。

其中最嚴重的就是「抱怨」，抱怨會讓你自動跳進沒必要回想的憤怒漩渦裡。

順帶一提，很多人都誤以為抱怨能消解壓力。

當你抱怨時，也許當下心情的確有變得舒服一些，不過也就只有那麼一下而已。

不斷地抱怨，就宛如不斷地遭受過去的怒火焚燒一般，最終只會將自己燒成灰燼。

另外，「一想起來就氣」還有一個大缺點，就是在你回想起過去生氣事件的期間，你會不斷的修改記憶，再加上許多解釋，以證明自己是對的。

一開始原本只是小小的憤怒引爆點，但就在你不斷重覆回想的過程中，漸漸地扭曲了事實，並且添加了新的東西，曾幾何時內心情緒就成長為和當初截然不同的憤怒了。

沒必要刻意回憶起不必要的怒氣，**越去回想，只會越使怒氣的強度增加，並持續出現。**

66 要理解有些事是無法改變的

理所當然的，我們都知道有「可以改變」和「不能改變」的事物。不過一旦你氣到不行時，就可能會連這樣理所當然的事都搞不清楚。

在我接觸怒氣管理前，我在公司工作時遇到最惱人的問題，就是想改變那些無法改變的事物。

這是在我負責新興業務時的事了。當時我在自己的提案沒通過，或其他職員不認同自己時，都會感到非常氣憤，甚至還會這麼想：

「竟然不懂這個提案的價值，我的周圍怎麼都是一些笨蛋啊！」

「繼續維持現狀下去，才會越來越糟啊！」

「必須想法子讓他們能理解我。」

然後，滿口抱怨「跟這些不懂的人共事，根本成不了事」。

雖說人不免都有年輕氣盛的時候，但現在回想起來，當時的自己實在是有夠傲慢的，真是慚愧。

不過，當時的我真的為了這些事情怨恨過，成天淨想著要如何改變其他職員，卻始終沒想過改變自己。

遇到自己看不順眼的事，就想照自己所想的去做改變。

你要有接受無法改變的事物的勇氣。

「神啊，求您賜我雅量，平靜地去接受我所不能改變的事；賜我勇氣，去改變我所能改變的；賜我智慧，去分辨這兩者之間的差別。」

這是很知名的「尼布爾祈禱文」。

我是在開始接觸怒氣管理後，才知道有這篇祈禱文的，現在真想拿這段文字給當時驕傲自滿的自己看看。畢竟當時的我，心靈既不寧靜，也沒勇氣，更不聰明。

而你又是如何看待這段文字的呢？

如果你仍覺得一切都能改變，那絕不是因為你真有那份力量，而是因為你缺乏能夠冷靜看待事物的平靜的心。

先接受世上確實有「自己所不能改變的事」的存在，以得到一顆平靜的心吧。

67 逃離憤怒現場

煩躁、憤怒的情緒是會傳染的。當你附近有人在發怒，很快的你也會跟著煩躁起來。

公司裡的上司如果情緒化，部屬也會跟著情緒化。

家庭裡的妻子如果不耐煩，丈夫也會跟著不耐煩。

要是附近有人發火，而你自己也跟著快要發火了的話，有時你必須選擇離開現場。

比方說，你旁邊有個得了流感正咳個不停的人，**此時不靠近他，免得被傳染，是再正常不過的做法吧。**

把生氣的人當成是得了流感的人，就會很好理解了。如此一來，你還會想要特意靠近對方，或勉強自己待在對方旁邊的話才奇怪呢。

離開現場的做法並不卑鄙，也不算是認輸。如果當場已感覺到很難跟針鋒相對的氣氛順利相處的話，按照怒氣管理的做法，我會建議你離開現場。

這叫「撤退戰略」。

只要你覺得當下離開會比較好，不用怕，就積極地選擇撤退吧。

離開現場後，請退到看不到也聽不到的距離之外，別讓自己置身於焦躁和憤怒的影響範圍內。

68 怒氣也可以成為能量

二〇一四年，諾貝爾物理學獎得主中村修二教授，在獲獎後的記者會上曾說：「我研究的動力來自憤怒，沒有憤怒便沒有今天的我」。

提到憤怒情緒，一般都會認為那是負面情緒，而它也的確是擅於破壞人際關係和事業，並給身心帶來壞影響的情緒。

但是從另一個層面來說，憤怒是人類與生俱來的、再自然不過的一種情緒了。如能**妥善利用，也能成為很大的優點**。

【舉例來說，憤怒的優點】

成為你的動機、能量、捨棄多餘的東西、發現不需要的東西、重新整理心情、說得出真心話、保護自己、克服逆境、發揮潛能、挑戰新事物、改變觀點、下定決心……

該如何活用憤怒的優點呢？

擅於處理的人能將憤怒化為驅動自身的能量，形成動力。中村教授就是其中一例，在他被憤怒困住時，有兩個選項讓他選：

．一氣之下放棄研究。

．將憤怒化成動力，更進一步研究。

如果中村教授選了前者而放棄研究的話，會如何呢？即便他沒有放棄研究，但幹勁消退，心不甘情不願地繼續研究，又會如何呢？

中村教授理所當然是選擇了後者，而取得了諾貝爾物理學獎。

沒錯，適度的怒氣會提升能力。

比起完全的放鬆，**人在感受到適度壓力的情況下，更能發揮能力。**

不過，壓力過大的話，能力也是會一口氣下降的。

以職業高爾夫球賽為例，大部分的選手在四天的比賽中，都是處於緊張煩躁的狀態。我擔任運動心理教練時，給出的建議是，有些緊張心煩也無妨，將這些情緒集中到贏得比賽的鬥志上吧。

雖然心裡焦急時，並不容易集中精神，但藉著怒氣管理的訓練，即使在壓力產生的負面情緒下，還是能集中注意力。

憤怒的情緒會帶來「鬥志」，沒有鬥志便不會想要贏得比賽。

「我會努力，因為我不想輸」這句話很好懂吧。正因為心有不甘，才會加倍努力。

要拿憤怒來當動力，或是要受憤怒控制而磨掉幹勁，選擇權都握在你自己手中。至於選哪一邊會對人生加分，自然就不必多說了。

把憤怒變成動力，提升幹勁吧！

這種提升方法在美國的體育界和上班族之間很普及。對於現今的職業體育界而言，思考如何將憤怒化為自己的能力與動力，也已經是很普遍的做法了。

69 了解憤怒的結構

能和憤怒和諧共處的人，一定很清楚憤怒發生的結構。

憤怒並不是突然憑空而降的，也不是毫無前兆就冒出來的。它確實是有個發生的構造在。既然如此，只要了解了結構，就很容易控制了。

我們在人生過程中，認識了憤怒這個情緒，認識後就能和它相處。可惜有很多人不知道憤怒是如何產生的，所以不懂和它相處的訣竅。

雖然就像大多數人都不知道也不關心手機應用程式是如何設計、如何下載之類的技術結構，但平時要用到應用程式時，都還是能夠使用。

只不過平時用是會用，一旦出了什麼差錯時，事先了解技術結構的話，自然就能夠做出更正確的處理。

不過，即便有不少人都遭遇過智慧型手機變慢，或應用程式當掉之類的問題，大部分的人都沒有打算了解得那麼深入。

也許，人們大多會認定技術方面的事情我們反正怎樣都弄不懂，即使有點興趣，也完全沒想到甚至從未想過要去理解。

也許有許多人對憤怒也抱持著相同的印象。生活中、工作中，令人生氣的事多得是。

即便過去曾因憤怒吃了苦頭，卻也沒想過憤怒這個情緒是可以控制的。心裡雖然想著總會有辦法，卻幾乎沒去處理憤怒的問題。

因此儘管我們常因憤怒而失敗，但只要還能過著平常的生活，便照樣繼續過下去。

維持現狀當然一樣可以過日子和工作，不過若能了解並好好和憤怒相處，你就可以過得比現在更沒壓力、心情更輕鬆。

怒氣管理是心理教育，你接受教育就能理解憤怒。不生氣的人都知道，要理解憤怒這個情緒，就需要學習這類教育。

到目前為止，我所提到的幾乎都是使用在個人身上的不生氣對應方法，不過也希望你能了解，怒氣管理的另一環，大多是用來處理職場暴力的。

70 好好應對生氣的人

前面曾提到過，人會生氣，是因為初級情緒從名為內心的那個杯子裡溢出來了。所以倘若可以從談話中聽出初級情緒，就能巧妙應對別人的憤怒行為了。

換句話說，生氣的人發脾氣是希望有人能注意到他的初級情緒。而且很妙的是，一定會邊生氣，邊將飽含初級情緒的話語說出來。

可能有人還記得，日本曾有某個縣議員為了挪用公款的事而召開記者會，並在會中嚎啕大哭。他在會中的行為可算是「氣到哭」，不過仔細聽的話，你就會發現他都在述說初級情緒。

他在記者會上邊哭邊這麼說：

「你們知道我是多麼辛苦才當上政治家的嗎？」

「政務經費不過占了政治活動整體的極小部分。我實在太難過了，我那麼努力竟然還要為此受指責！」

生氣的人會很自然地將初級情緒說出口，正是因為希望有人聽、希望有人理解。

和生氣的人待在一起還可以保持心平氣和的人，是因為可以理解對方的初級情緒，所以知道該問對方什麼好、該怎麼開口說話為妙，便不會為了所有的事發怒。

所以，在面對生氣的人、申訴抱怨的人時，注意一下對方的初級情緒吧。

71 不依賴任何事物

你是否也有「必不能少」的事物？舉例來說：

早餐一定要吃〇〇。

有特別愛用的毛巾。

有戒不掉的習慣或興趣。

手機片刻不離手……

少了就是不行，或是不做某件事，便會感到渾身不舒服、不痛快的話，

那就表示你已經依賴那項事物。

會依賴什麼的人，也有極高的可能會去依賴其他事物。

依賴的可怕在於，自己擅自創造出「必不能少」的情緒。明明一開始也有不依賴它的時候，那時候就完全沒事，平時就算沒有也都好好的。

另外，為了依賴而付出許多勞力也是個問題。

比如，每天早上都要吃某牌的優格。有一天因為沒有那一牌的優格，就跟家人吵架，或是特地一早花時間到處找優格，費了許多力氣。如果一直找不到那款優格，只怕一整天的心情都會很糟糕吧。

在旁人看來，那不就只是優格嗎？可是對於已經產生依賴的人而言，對這一類必不能少的事物就是有強烈的執著。

依賴致使人必須多付出勞力，分不出時間給真正值得花時間的事情，於是原本重要的事情便只好敷衍了事了。

依賴是讓你心煩氣躁的重大因素，想想在少了它也無所謂的時刻裡，你都是怎麼做的？

「用其他的代替也可以」。

「就算沒有也無所謂」。

這是能讓你脫離依賴的魔咒，就像念咒語一般地反覆念念看吧。

如果沒辦法一下子就消除依賴感，換成這樣的句子也是ＯＫ的：

「下次再試試看吧！」

「不急於現在，待會再做吧！」

72 學習控制時間

無法控制好時間真讓人心急，畢竟時間控制不好的話，不是時間多出來，就是時間不夠用。

而忙碌的現代人更多是被時間追著跑吧。非得完成的工作卻遲遲結束不了、趕不上截止時間、赴約遲到等，這些時刻都會令我們心急、焦躁。

其實，想要巧妙的控制時間並沒有那麼困難。稍微培養簡單的小習慣，就能更順利地控制時間，減少焦躁的情況了。

患有拖延症的人和老是覺得時間不夠用的人，就是不懂控制時間的人，如果你有以上兩個特徵，那就來培養下面兩個簡單的習慣吧。

1. 不往後拖延的習慣

有往後拖延症的人是，明明有非做不可的事，卻老是自動往後延，想著「稍後再做吧」的人。

為什麼要往後延呢？因為他無法評估要花多久時間才能完成，才會無意識地往後延。

如果知道非做不可的事可以很快就完成，就會馬上去處理，不再拖延了。

我們可以幫拖延症的人訂定一個規則——當有非做不可的事情時，如果是三分鐘內就可完成的，便立刻著手處理。

比如，要寫封短信或打一通電話之類的事，大約三分鐘就能結束。如果延後做，不一會兒事情就會越拖越多，之後就為了時間不夠而焦急不已。

因此，**三分鐘內能處理的事情要立即處理**。

2. 能讓時間充足的習慣

時間不充裕的人是沒辦法自己生出時間的。換句話說，就是時間被其他事物控制住了。

時間不充裕的人，不是會闖紅燈或在快搭不上捷運時用跑的嗎？會趕燈號或捷運，就表示你的時間受到燈號和捷運控制。

今後請不要再趕紅綠燈或趕捷運了。這樣一來，就不會被其他事物控制時間了。**時間要靠自己控制，才能真正擁有充裕的時間。**

73

確實做好健康管理

我們曾談到，人的身體不好時容易煩躁。請回想你身體狀況不好的時候，比如感冒、腹痛、受傷時，應該就會發現比平時更容易發脾氣。

再重申一次，控制身體便能控制情緒。比如做個深呼吸讓情緒冷靜下來，就是其中的一種方法。

然後，當你呼吸急淺時，情緒便很焦躁不平靜。

能和憤怒完美相處的人，通常也會注意保養身體。

調養身體的要點，有下列四項：

1. 飲食
2. 睡眠
3. 運動
4. 注意身體的疼痛

世間常說為了身體健康，需要均衡飲食、適量運動、充足睡眠。就怒氣管理的觀點來看，也同樣贊同這個說法。

然後，若能控制憤怒，便代表你會留意到身體的疼痛。身體的疼痛指的是會影響健康的身體僵硬、歪斜等。

注意身體健康，是避免產生不必要怒氣的重要關鍵。

74

習慣靠自己做決定

現在有許多像是 amazon、美食情報網、樂天 Travel 等，評論各類商品和服務的情報網站。

比如，當你在 amazon 買東西的時候，有多大程度會參考買家評價呢？能靠自己的價值觀判斷的人不太會參考買家評價，因為他有靠自己判斷的自信。而當人對自己的價值觀沒信心時，判斷便會受到他人的評價左右。

參考他人評價並非壞事，太過依賴才是問題。別人的評價說到底還是別人的評價，一旦參考他人的評價成依賴，就會越來越難靠自己做決定。

不論工作或私生活，你每天都有必須做決定的事。不論是工作上的決定、午餐決定吃哪間餐廳，還有選擇送女友的禮物，全都是不斷的抉擇。

一旦你習慣依賴他人的評價來做決定，漸漸就不會靠自己做決定了。

一個人每天要抉擇的事情很多，你不可能每件事都參考他人的評價才做決定。非得做出判斷的事就會成為你的壓力，壓力不斷累積下來，自然容易變得焦躁不安。

更何況你根本不知道網上的買家評價是誰給的，倒不如參考你信賴的人所給予的評價。

最好還是習慣靠自己一個人做決定吧。珍惜你自己的價值觀，學會自己做抉擇，便不容易焦躁不安了。

75

老實承認並面對自己的情緒

我們人類有許多情緒，喜怒哀樂是經常被提到的那幾種，不過再觀察仔細一些，你就會發現還有非常多其他的情緒。

情緒有著各種職責，每種情緒都是我們生存所需的。

對我們而言，沒有任何一種情緒是不重要的。即使是乍看之下好似不必要的負面情緒，也有它的職責跟必要之處。

比方，「哀傷」這個情緒的職責作用，就是要告訴你**什麼對你來說是最珍視的**。

假如同事要辭職了，你對至今從未在意過的那名同事懷有相當哀傷的情緒，就表示你比你所以為的更重視那位同事。

相反的，你和你很重視的男友/女友分手，卻沒有想像中的哀傷，也許你並沒有比你以為的那麼重視對方。

一切情緒都無好壞之分，情緒就只是情緒，但它卻擔負著告訴你事物意義的職責。

不只是憤怒，可以和各種情緒處得好的人，就能友善接納所有的情緒。

既然生氣，就接受自己在生氣的事實。不要認為「不該為了這種事生氣」或不原諒發脾氣的自己。

要接納生氣的自己，並且不要自責，另一方面要理解的是，這股怒氣需要用其他方式妥善地表達出來。

如果這時候將生氣的自己給否定掉，自責的情緒就會成為初級情緒，讓人陷入容易憤怒的惡性循環。

完整接納自己所感受到的所有情緒，是認識自己的珍貴機會。

76 舉止態度、措詞語氣、表情保持平穩

放眼望去，可以看到溫和平靜的人，還有看似易怒的人。想想你的周遭有沒有這些人呢？

有時候我們看到不熟的人或路上偶然碰見的人，會有種說不出的四平八穩或是粗魯的印象。那麼我們實際上到底是看到了什麼，才會這麼覺得呢？

我們可能是看到了他的舉止態度、措詞語氣或是表情。由於有這些，我們才能從那人的外觀來判斷其個性。

我們能從人的表情知道很多事。比如，走路氣勢洶洶的人，由於處在隨時備戰的狀態下，容易衝動、憤怒，粗魯的言行連帶地讓人個性也粗暴起來。

相反的，舉止平靜便能心平氣和。

使用溫和又禮貌的詞語對話，能使情緒冷靜下來。

還有，用心維持溫和的表情，也能平撫情緒。如果總是皺著眉頭，情緒也會跟著凶狠起來。

我們的情緒就像這樣，會受到眼睛可見的行為（舉止態度、措詞語氣及表情等）很大的影響。

不容易生氣的人就相當了解這點，因此他們平時都會好好控制自己，保持沉著平靜。

相反的，容易生氣起爭執的人，平時用的就是隨時會挑起爭執的措詞語氣，因此更容易心煩氣躁。

有計畫地運用從容平靜的舉止、措詞語氣和表情吧！

77 提高你的「忽略力」

說到「忽略力」很高，你的腦海會先浮現出什麼呢？是有著遇到任何事都不為所動的強韌精神嗎？或是像拳頭打在輕飄飄的布簾上，完全不起作用的樣子呢？

不生氣所需要的「忽略力」如下：

「可以理解對方，但不認同」。

理解對方和自己想法的不同，雖然自己不認同對方的想法，但至少了解對方生氣的原因。

不生氣的人能對人們很寬容，也可以說是對他人的「應該」很寬容。

比方說，你覺得某個上司發的怒氣很不講理。

雖然那個上司生氣是因為被他所相信的某個「應該」給背叛了，但至少你可能懂上司生氣的「應該」在哪裡。

只是你沒有同感，即便懂得對方生氣的原因，但自己既然沒有同感，也就不需認同，就當是耳邊風吹過去吧。

不過，「忽略力」不高的話，很容易會被對方的怒氣牽連，連帶自己的心情也跟著變差。

磨練「忽略力」絕不是要你無視對方。

倘若你對別人的寬容太少，即使想無視，也會因為腦中消不掉對方的聲音，反覆想起來就一肚子火。

所以，提高「忽略力」，就是提高對人的寬容。還有，如同你重視自己的價值觀一般，也能尊重別人的價值觀。

78 不受心情左右

每個人都有情緒起伏的時候。心情好的時候構不成問題，心情壞的時候才麻煩。

心情好時，可以原諒甚至不介意很多事，連工作都能進展順利。而心情差時，就很容易被很多事情惹得心煩，幹勁也低落，工作又不順利。

前面的小節也提到過，這種時候就要藉由增加正面情緒的出現時間，來縮減負面情緒時間的比例。

但說是這樣說，一旦開始陷入負面情緒，便很難消滅它吧。

換個想法，如果事先曾決定好如何度過心情差的時刻（負面情緒的時間）

的話，應該會很有效果。

心情不好時如何度過，將會決定別人對你的評價。這樣說一點也不誇張，所以趕快將能讓自己愉快的想法都先存進腦海中吧！

任何人在心情好時都是好人，而人的本性在心情差時能窺見一二。有的人平時感覺挺不錯的，但心情差時的舉止表現落差之大，令人感到遺憾。所以為了避免在心情差時犯下失誤，心情越差就越該注意自己的行為舉止。比如說：

· 心情差時最好不要做的事。
· 心情差時容易犯的錯。

——先針對上面的項目列出一張清單吧。

這樣一來，你就能做個穩定又不受心情左右的自己了。

79 與其糾結問題原因，不如思考解決方案

讓我們在這裡重新複習一次吧。當你碰上問題時，下列哪種想法出現的機會比較多呢？

· 為什麼會發生這種問題呢？
· 要怎麼做才能解決呢？

這兩個想法看似很像，其實卻完全相反。

如先前所述的，「為什麼」是用來思考問題原因的詞，而「要怎麼做」

則是將焦點放在解決對策上。

相較於前者是以過去為中心，後者更注重的是未來。

說得更深入一點，前者是將壞的修好，以如何做到過去原本做不到的事為中心，去進行思考。而後者則不以壞的、做不到的問題為中心，著重的是思考未來該如何做會比較好。

這就是「問題解決」與「焦點解決」兩種想法的差異。可整理如下：

「問題解決」

· 什麼地方錯了，問題出在哪裡？
· 要如何改善？
· 列舉出有什麼不好的。
· 著重於過去。

・消極保守的。

「焦點解決」

・要如何做才會順利？
・要怎麼做才會順利？
・想變成什麼樣子？
・列舉出為了理想狀態可以著手進行的行動。
・著重未來。
・正向積極的。

其實，兩者都有解決問題的方法。沒有說非要用哪一種才行，必須視狀況和情境分別活用。

舉例來說，在醫療第一線和技術職務方面，就必須以探討原因為優先。因為不能再次犯下同樣的錯誤，所以非得徹底查出原因才行。像是在醫療第一線，如果不知道問題發生的原因，便可能會再次犯下相同的醫療疏失。

不過，若是要用在控制怒氣方面，就建議用「焦點解決」去思考，比較不會焦慮心煩。因為若用「問題解決」去思考的話，就會不自覺地去注意不好的地方及問題點，這樣會很容易就牽扯出憤怒情緒。

此外，「問題解決」的大缺點在於，即使知道問題出在哪裡，問題根源仍然經常無法改變。

比如，有位上司總是心煩氣躁的。你很好奇這位上司為什麼這麼容易心情不好，追本溯源才發現原來問題出在他的家庭環境。知道了這一點後，也許可以作為某種參考，但原因本身是改變不了的，還不如想想怎麼做才能和上司好好相處來得重要。

在情緒上追究原因，會使情況複雜化。雙方追究彼此的錯處，就如同彼此在消極地溝通。

消極的溝通很難產生有建設性的意見，而且消極的談話容易令人悶悶不樂。所以，多用「焦點解決」的方式來進行思考吧！

80

學習自我揭露

你周遭的人了解你多少呢？

你喜歡的、討厭的、重視的、不重視的、不能讓的、喜歡的場所、討厭的食物、喜歡的電影、對什麼感到棘手……

將自己內心的感受與訊息傳達給他人知道，稱為「自我揭露」。情緒穩定的人最懂得適當的自我揭露。

懂得自我揭露的人，善於整理自己的內心，因此能清楚地向周遭的人表達自己。

首先，讓我們來將自己「清點」一下吧！試著將下面事項分別列成各三十項的清單。其實，光這樣列成清單就很有成效了。

【自我揭露清單】

·喜歡的事物——場所、事、人。

·棘手的事物——場所、事、人。

雖然只需要各列出三十個，但光是列出清單恐怕就會讓不少人煩惱了。你以為自己的事情自己最懂，搞不好卻意外地發現自己根本沒那麼了解自己。

反之，不擅自我揭露的人，不但整理不好自己的內心，也對表現自己感到排斥。

其實，自我揭露並不是要將自己的價值強加在別人的身上，**單純只是要表達出自己是個什麼樣的人而已。**

心懷自信，展現你自己吧！展現自己，你遠比你想像得還要更受歡迎。

周遭的人越是理解你，負面情緒就會少。

結語

我的工作內容是，不斷地研究人要怎麼做才不會無謂的生氣。

我遇到過很多想解決情緒問題的人，但也常遇到很多過得輕鬆灑脫的人。看似好脾氣的人也會有脾氣和憤怒的情緒，他們只是很少這個情緒而已。而且最重要的是，那個發怒的選擇是依靠他們自己做出的決定。

你的周圍一定也有不管發生什麼事，看起來都很平靜的人。像這類心平氣和的人都有著共通的想法，如同我們在最後一章彙整的那樣——聰明思考，便能過著不受怒氣左右的人生！

本書介紹了人應該要如何思考才不會生無謂的氣。

誠如正文中所介紹過的，莎士比亞曾說過：「世上的事情無好壞之分，全是思想使然」。只要稍微簡單地改變想法，就能大大地改變人生。

在我接觸怒氣管理之前，每天也都過得心浮氣躁。要說當時和現在相比有什麼改變的話，與其說是整個個性都改變了，不如說是想法大大轉彎之後，生活過得比較輕鬆、平靜且快樂了。

說實話，即便是現在的我，也還是會有好強、不服輸的時候。這樣說起來，好像會給各位一種我到處跟人起衝突、總是心浮氣躁的印象，實際上並沒有這回事。不服輸並不表示隨時隨地都要跟人決勝負，好強也不是什麼事都要爭出勝負才罷休。

現在我明白對自己來說什麼重要、自己做得到什麼，了解充滿與自己迥異的價值觀的世界才自然，而以前的自己處理不了的事，現在都做得到了。

但是，不要因為不想生氣，就想著要馬上將本書所介紹的思考術一口氣全部付諸實行。

首先，只要先學會一項冷靜思考術就好了，接下來其他項目自然就能學會了。在日常生活中、工作中實踐這些思考術，漸漸地自己就不會亂生氣了。

一邊悠閒自在地接納現在的自己，一邊下定決心去做改變。開始實行冷靜思考術後，過一段時間你就會突然發現自己擁有一顆令別人欽羨不已的、輕盈的心。請務必從這一刻就開始試試看。如此令人愉快的未來，很快便會到來！

最後，衷心感謝日本怒氣管理協會的各位輔導員、講師和職員。真多虧大家，託了各位的福，我每天都過得美好又愉快，由衷感激不盡！

今後我仍會秉持「切斷憤怒的惡性循環」為理念，以打造一個人們不再互相遷怒怪罪的社會為目標，繼續努力推廣怒氣管理。

安藤俊介

刺蝟的冷靜思考術 ： 心態重新開機,揮別心煩氣躁的自己 / 安藤俊介著 ； 丘正怡譯. -- 初版. -- 臺北市 ： 八方出版, 2018.10
面 ；　公分. -- (How ; 81)
ISBN 978-986-381-193-0(平裝)
1.憤怒 2.情緒管理
176.56　　　107015273

HOW81

刺蝟的冷靜思考術

心態重開機，揮別心煩氣躁的自己

作者 / 安藤俊介
譯者 / 丘正怡
發行人 / 林建仲
總編輯 / 賴巧凌
執行編輯 / 洪季楨、金　澤

出版發行 / 八方出版股份有限公司
地　址 / 台北市中山區長安東路二段171號3樓3室
電　話 / (02)2777-3682　　傳　真 / (02)2777-3672
郵政劃撥 / 19809050　　戶　名 / 八方出版股份有限公司
總經銷 / 聯合發行股份有限公司
地　址 / 新北市新店區寶橋路235巷6弄6號2樓
電　話 / (02)2917-8022　　傳　真 / (02)2915-6275
定　價 / 新台幣300元
I S B N / 978-986-381-193-0
初版二刷2019年11月